6 PRIMARIA tercer trimestre

Lengua Castellana y Literatura

SuPerPixéPoLiS

Autores

Claudia Araya Olazarán
Manuel García Haczek
Fernando Castillo Rodríguez
Óscar José Martín
Cristina Benito

Lecturas

Roberto Aliaga
David Fernández Sifres
Rosa Huertas
Pepe Maestro
Elena O'Callaghan i Duch
Ignacio Sanz
Marinella Terzi

Aprendizaje cooperativo

Pere Pujolàs Maset

Proyecto PBL

Juan Enrique Redondo Cantueso

Emprendimiento

César García-Rincón de Castro
Jerónimo García Ugarte

Revisoras Metacognición

Amparo Moreno Hernández
Mar Mateos Sanz

Asesor didáctico

Juan A. Núñez Cortés

EDELVIVES

Ortografía	EXPRESIÓN ESCRITA	LITERATURA	TÉCNICAS DE ESTUDIO
Las reglas generales de acentuación	Las normas. Expresiones de prohibición. Mantenimiento verbal	Los géneros literarios	El libro
La tilde en los diptongos, triptongos e hiatos	La descripción. Sustituciones de palabras	Los recursos literarios I. La personificación, la comparación y la metáfora	El diccionario
La tilde en las palabras interrogativas y exclamativas	La carta y el correo electrónico: formal e informal Expresiones y fórmulas de cortesía	Los recursos literarios II. El lenguaje figurado, la hipérbole y el juego de palabras	El plan de trabajo
La tilde en la palabras monosílabas	La noticia. Conectores de tiempo, de espacio y de causa	La lírica I. La rima y la métrica	La biblioteca
Conquista PISApolis	**Emprendo y aprendo**		**Club de lectura**
Las palabras con *ll* y con *y*	El cómic. Interjecciones	La lírica II. Los tipos de estrofas	La búsqueda de información en Internet
Las palabras con *b* y con *v*	El diario. Sustituciones gramaticales: deixis	La lírica III. Los tipos de poemas	Las ideas principales y secundarias. El subrayado
Las palabras con *g* y con *j*	La encuesta. Explicación de los datos	La narrativa I. El cuento tradicional y la fábula	El esquema y el mapa conceptual
Las palabras con *x* y con *s*	La entrevista. Estilo directo e indirecto	La narrativa II. El mito y la leyenda	El resumen
Conquista PISApolis	**Emprendo y aprendo**		**Club de lectura**
Los signos de puntuación I. El punto, la coma y el punto y coma	El reportaje. Conectores de consecuencia y de finalidad	La narrativa III. La novela	El guion
Los signos de puntuación II. Los signos de interrogación y de exclamación y los paréntesis	El informe. Tecnicismos y neologismos	La narrativa IV. Los elementos de la narración	El procesador de textos
Los signos de puntuación III. Los dos puntos y los puntos suspensivos	La carta al director. Conectores de orden, de contraste y de explicación	El teatro I. Diálogos y acotaciones. Actos y escenas. Espacio y tiempo	Las tablas y los gráficos
Los signos de puntuación IV. El guion, la raya y las comillas	Las instrucciones de uso de un aparato. Advertencias y consejos	El teatro II. La comedia y la tragedia	La presentación oral
Conquista PISApolis	**Emprendo y aprendo**		**Club de lectura**

9 Queremos saber tu opinión

Observa estas imágenes y responde.

- ¿En qué tipo de medio de comunicación piensas que se está realizando el programa de la imagen de la izquierda?
- ¿Qué están haciendo los niños de arriba? ¿Qué tipo de programa crees que están viendo?

- ¿Has presenciado alguna vez un debate en la televisión? Describe lo que sucedía.
- ¿Consideras que, para opinar sobre un tema en un debate televisivo, es necesario estar bien preparado? Justifica tu respuesta.
- ¿Crees que ver un debate en la televisión te puede servir para aprender? ¿Por qué?

Participar en un debate televisivo

1. Escucha el debate que se grabó para la televisión en la clase de Adrián. Presta atención y anota lo que consideres más importante.

2. Responde a estas preguntas.
   - ¿Cuál es el tema del debate?
   - ¿Quién da los turnos de palabra en este debate?
   - ¿Cuál es la postura que defiende Adrián? ¿Y Carlota?
   - ¿Piensas que Carlota tiene muchos hermanos? ¿Por qué?

3. ¿Respetan Adrián y Carlota sus turnos de palabra? ¿Cómo lo hacen? ¿Consideras que tienen en cuenta las opiniones contrarias? Justifica tu respuesta.

4. ¿Cómo le afectaría a Adrián que Carlota no respetara su opinión?

Para **participar en un debate televisivo,** hay que exponer la opinión de manera clara y respetar las opiniones y turnos de palabra de los demás. Además, se pueden emplear gestos y modulaciones de voz para apoyar lo que se dice.

Participar en un debate televisivo

- **Opiniones propias y contrarias**
  - Me parece bien, pero…
  - Respeto tu opinión, pero no estoy de acuerdo…
- **Solicitar y dar el turno de palabra**
  - ¿Podría hablar?
  - Es tu turno, por favor…
  - Paso la palabra a…
- **Agradecer la intervención**
  - Muchas gracias a…
  - Te / Le agradezco su intervención…

5. Imagina que tienes que debatir en la televisión sobre un tema desconocido para ti: ¿cómo lo prepararías?

6. Simulad un debate televisivo en el aula. Formad dos grupos: uno que defienda la conveniencia de hacer los deberes en casa y el otro, la posición contraria.

Adrián no disfruta de los sentidos como el resto de los niños. Pero ha encontrado una forma de sacarle partido a esta situación.

¿Crees que una persona que carezca de un sentido, como el del oído, no es capaz de hacer lo mismo que los demás? ¿Por qué?

El caso de los sentidos

No se conocía otro caso parecido al de Adrián, no solo en todo el colegio o en todo el barrio, sino que no se conocía un caso como el suyo en todo el mundo. A él le gustaba decir que no se conocía un caso como el suyo en todo el universo, pero eso a lo mejor ya era demasiado.

A Adrián, el sentido del tacto le dejaba de funcionar por completo los lunes, los martes el del oído, los miércoles no sacaba sabor a ninguna comida, los jueves no tenía olfato y los viernes no veía nada de nada. Pero los sábados y los domingos le iban todos los sentidos a las mil maravillas. Pensaba que era una suerte que le hubiera tocado en fin de semana.

Sin embargo, lo que pasó ese viernes sí que había sido un desastre. Bueno, no un desastre de los de salir en la tele, claro, pero sí para Adrián. Aunque, para entender lo de aquel viernes, había que remontarse bastante atrás.

Adrián había nacido ya optimista, eso seguro, porque ni lloró ni nada. Por más que la médica le daba azotes como para sacudir diez alfombras, el niño no lloraba. Sonreía.

—¿Qué le pasa a este niño, que no llora? —preguntó un enfermero.

La médica se encogió de hombros, pero la madre de Adrián salió en defensa de su hijo.

—Es que es un niño optimista —dijo.

Con el tiempo supo que tenía razón. También se dio cuenta de que su hijo no había llorado porque había nacido un lunes. Y los lunes Adrián no notaba nada de nada. Los lunes le faltaba el tacto.

Cuando se conoció su caso, todos los médicos del mundo dijeron que era una fatalidad. Pero Adrián no los escuchaba. Y no porque fuera martes; no los escuchaba porque él no lo creía así.

La auténtica desgracia era lo de aquel viernes.

Pero era verdad que era optimista; sin querer, veía el lado positivo de todas las cosas. Sus amigos lo presentaban siempre como alguien a quien los sentidos le fallaban **sucesivamente** y él los corregía de inmediato.

—No es verdad —decía—. Lo que ocurre sucesivamente es que me funcionan.

Desde siempre era costumbre en su casa que cada hermano, y eran ocho, pidiera un deseo el día de su cumpleaños. Y era norma en la casa que los deseos de los demás había que cumplirlos. Adrián, con el tiempo, los fue eligiendo **a conciencia**.

Cuando cumplió cinco años, sin hablar perfectamente aún, pidió que los únicos días para visitar a su tía Rita fueran los lunes, los días que estaba sin tacto. Porque su tía Rita tenía la manía de saludarlo apretando con fuerza sus mejillas, y luego lo achuchaba y le plantaba diez o doce besos viscosos justo debajo de los ojos. Su madre le concedió el deseo y Adrián, afortunadamente, dejó de notar los besuqueos y pellizcos de la tía. Aunque los seguía habiendo cada vez que la veía.

Con seis años, suplicó que su madre solo hiciera lentejas los miércoles. Las lentejas eran lo peor que podía pasarle a Adrián. Prefería visitar mil veces a su tía Rita, que ya era decir. Odiaba las lentejas, por mucho hierro y cosas buenas que tuvieran. Si él fuera rey, las prohibiría; lo tenía claro. Lo pidió sin dudar y, como en su casa los deseos se cumplían, los miércoles las lentejas pasaron a ser simplemente granitos oscuros que no sabían a nada. Sobre todo, que no sabían a lentejas.

sucesivamente: que sucede o sigue a algo.

a conciencia: con cuidado y esfuerzo.

Con siete, su hermana mayor se echó novio. Al novio le gustaba tocar el violín, o destrozarlo. Pidió en su cumpleaños, para disgusto de su hermana, que los conciertos de su casi cuñado tuvieran lugar en el salón de casa, sí, pero solo los martes. Y así, los martes de concierto Adrián se sentaba en ese auditorio y se ponía tranquilamente a pensar en sus cosas. Y su hermana rabiaba.

Adrián cambiaba pañales los jueves. Ningún otro niño en su clase lo hacía, pero es que ninguno tenía siete hermanos. Y con siete hermanos había que repartir el trabajo. Por eso, le había faltado tiempo para, en su octavo cumpleaños, fijar un día de la semana concreto para soportar el olor nauseabundo de los pañales de Juan. ¡Qué bueno no oler nada los jueves!

Y en cuanto a los viernes, no era un mal día para no ver. Nunca había fútbol en la tele y se ahorraba las miles de fotos que le quería enseñar su abuela.

Pero lo de aquel viernes sí que había sido **calamitoso** para él. Mucho más que no oír los martes, o no oler los jueves. Aquel viernes, sin ver, Adrián se sentó a la mesa, cogió la cuchara, tomó lo que fuera que hubiera en su plato y se lo metió en la boca. Al instante supo que lo que tenía sobre la lengua eran esos minúsculos granitos oscuros que se llamaban lentejas.

Y Adrián entendió que el martes anterior, en el cumpleaños de su hermana (la del novio y el violín), cuando ella pidió un deseo que él no pudo escuchar, porque era martes, y los demás se volvieron hacia él con una cara de lástima y sorpresa, lo que en realidad había pedido ella era que las lentejas pasaran a los viernes.

Y los deseos de los cumpleaños se cumplían en esa familia.

Adrián tragó con disgusto, pero era optimista. Contó mentalmente mientras tragaba otra cucharada de lentejas. Eran ocho, sí. Le faltaban solo ocho meses para cumplir once años y pasarlas otra vez a los miércoles.

David Fernández Sifres

calamitoso: desgraciado, desastroso.

Comprendo

Personajes

1 Di quién es el protagonista del relato y qué característica especial tenía.

Análisis del texto

2 Responde a estas preguntas en tu cuaderno.

- ¿Tenía razón la madre de Adrián cuando dijo que su hijo no lloró al nacer porque era un niño optimista? ¿Por qué?
- ¿Qué hizo el niño para aprovecharse de lo que le ocurría con los sentidos?
- ¿Se desanimó Adrián cuando se cambió el día que se comía lentejas en su casa? ¿Por qué?

3 Observa las ilustraciones que acompañan al texto y explica a qué día de la semana corresponde cada una. Después, representa con gestos uno de los días no ilustrados para que tu compañero lo adivine.

Estructura

4 Señala cuál de estos hechos es más relevante para el desarrollo de la historia y explica por qué lo es.

- Adrián no llora el día de su nacimiento.
- La hermana de Adrián pide un deseo el día de su cumpleaños.
- Adrián pidió cambiar los pañales de su hermano Juan los jueves.

Vocabulario

5 Lee este fragmento del texto y copia qué significa la parte resaltada.

> Lo que pasó ese viernes sí que había sido un desastre. Bueno, **no un desastre de los de salir en la tele...**

- Que el desastre no había sido tan grave.
- Que el desastre había sido grave.
- Que no había sido en realidad un desastre.

Habilidad lectora

En un texto, algunas ideas pueden no aparecer expresadas de forma directa. Estas ideas se pueden deducir a partir de otras del texto.

6 ¿Por qué crees que la hermana mayor de Adrián pidió como deseo que los viernes comieran lentejas en su casa?

Pienso

7 ¿Te parece que la actitud de Adrián para afrontar los problemas le sirvió para superar sus limitaciones? Explica y argumenta dando las razones que justifican tu respuesta.

8 Piensa qué podríais hacer para que un alumno con alguna discapacidad (por ejemplo, visual) pudiera estudiar y divertirse como el resto. Después, dialoga sobre ello con tu compañero.

Conoce la lengua

1 Lee esta postal.

Ginebra, 12 de abril

Hola, Carlos:

Hoy es nuestro primer día en Ginebra. Estamos alojados en un hotel ubicado frente al Jet d'Eau, una impresionante fuente que lanza un chorro de agua a una altura de 140 metros. Mañana visitaremos el Palacio de las Naciones, la sede de la ONU en Europa, entre otros sitios interesantes.

Te llevo una tableta de chocolate enorme de regalo; aunque no sé si llegará entera a Avilés (¡je, je, je!).

Mi hermano te envía recuerdos.

Un beso,

Rosa

Carlos Domínguez
P.º de la Paz, 30
33404 Avilés
Asturias
España

2 Responde a estas preguntas.

- ¿Quién es el destinatario de la postal?
- ¿Ha ido sola Rosa a Ginebra? ¿Con quién más lo ha hecho, al menos?
- ¿Cómo se dice **Ginebra** en francés, la lengua hablada en la parte de Suiza donde se encuentra esta ciudad?

3 Explica qué indica cada una de las partes subrayadas en esta oración.

<u>Mi hermano</u> <u>te envía recuerdos.</u>

4 Copia la oración anterior y rodea la palabra más importante de cada parte subrayada.

5 Escribe las formas más cortas utilizadas en el texto para referirse a los siguientes nombres.

- Paseo
- Organización de las Naciones Unidas

6 Señala los signos de puntuación que en el texto cumplan las siguientes funciones.

- Separar dos oraciones relacionadas entre sí por un conector que expresa una contrariedad.
- Marcar el final de una oración.
- Separar una aclaración o explicación en una oración.

7 Escucha estas palabras, cópialas y búscalas en el diccionario. Después, ordénalas alfabéticamente.

El sujeto y el predicado

Una **oración** es un enunciado —es decir, un grupo de palabras ordenadas con sentido completo— que incluye una forma verbal personal. Por ejemplo: *Rosa ha viajado a Ginebra; ¿Cuándo has regresado?*

Las oraciones están formadas, en general, por dos partes: el **sujeto** y el **predicado.**

N N
Rosa ha viajado a Ginebra.
Sujeto Predicado

Sujeto: Es la persona, animal o cosa que realiza la acción o de la que se dice algo en la oración.

Se trata de un grupo nominal (GN), es decir, de un grupo de una o más palabras que tiene como núcleo (N) o palabra más importante un nombre *(**Rosa** ha viajado a Ginebra)* o un pronombre *(**Ella** ha viajado a Ginebra).*

Predicado: Es lo que se dice del sujeto.

Se trata de un grupo verbal (GV), es decir, de un grupo de una o más palabras que tiene como núcleo (N) o palabra más importante una forma verbal personal *(Rosa **ha viajado** a Ginebra).*

El núcleo del predicado concuerda en persona y número con el del sujeto *(**Rosa ha viajado** a Ginebra; **Ellos han viajado** a Ginebra).*

Los elementos del sujeto

El grupo nominal (GN), ya funcione o no como sujeto de una oración, puede incluir, además del núcleo (N), otras palabras. Estas acompañan al núcleo y cumplen la función de **determinante (Det.)** o de **complemento (Compl.)** de dicho núcleo.

Det. N Compl.
Aquel edificio blanco es el Palacio de las Naciones.
Sujeto

El **determinante** precisa a qué se refiere el nombre. Puede tratarse de un artículo u otro tipo de determinante *(**un** edificio blanco, **aquel** edificio blanco).*

El **complemento** describe aquello a lo que se refiere el nombre. Puede ser un adjetivo *(aquel edificio **blanco**)* o un grupo de palabras que comienza por una preposición *(aquel edificio **de ladrillo**).*

Amplía

Para **identificar el sujeto** de una oración, hay que:

1. Localizar el verbo de la oración: ***Es** pelirroja mi hermana.*
2. Cambiar el número del verbo a singular o plural: ***Son** pelirrojas mis hermanas.*
3. Fijarse en qué otras palabras cambian de número en la oración al modificarse el número del verbo: ***Son** pelirroja**s** mi**s** hermana**s**.*
4. El sujeto es el GN cuyo núcleo haya tenido que cambiar para concordar con el verbo: *Son pelirrojas **mis hermanas**.*

Recuerda

Hay oraciones en las que el sujeto está omitido (SO), es decir, que no se menciona porque ya se conoce. Por ejemplo: *¡Qué contenta estás!* → **SO:** *tú* (2.ª persona del singular).

1. Copia el enunciado que sea una oración y modifica el otro para que también lo sea.
   - ¡Qué calor!
   - Los delfines saltaban contentos alrededor del barco.
   - desafilado el está cuchillo

2. Subraya en tu cuaderno con distinto color el sujeto y el predicado de estas oraciones. Después, rodea el núcleo de cada parte.
   - El albañil transportó los sacos con una carretilla.
   - Me gusta mucho la tarta de manzana.
   - Regresa pronto.

3. Juega con tus compañeros a escribir oraciones encadenadas en las que cambiéis de forma alterna el sujeto y el predicado. Para hacerlo, fíjate en el siguiente ejemplo.

   El perro juega en el jardín. → Los niños juegan en el jardín. → Los niños irán al cine por la tarde…

4. Analiza el sujeto de cada una de estas oraciones.

   El tren de madera llegó a la estación.

   ¿Viene ella con nosotras?

5. Copia y completa el siguiente texto con estas palabras. Después, escribe qué función cumple cada una en las oraciones (núcleo del sujeto, núcleo del predicado o determinante del núcleo del sujeto).

   objetos parecieron visité estos

   El fin de semana pasado ..... con mis padres el Museo Tiflológico. Se trata de un museo creado especialmente para las personas ciegas. Por ejemplo, hay expuestas en él varias maquetas de monumentos arquitectónicos. .... se pueden tocar sin problema. ¡Me ..... geniales!

Las abreviaturas y las siglas

Las **abreviaturas** son representaciones reducidas de las palabras que se forman eliminando algunas de sus letras. Por ejemplo: *cap.* es la abreviatura de la palabra *capítulo*.

Las **siglas** son palabras que se crean a partir de las letras iniciales de otras. Se emplean para referirse de forma abreviada a organismos, instituciones… Por ejemplo: *RAE* es la sigla de *Real Academia Española*.

6. Sustituye las palabras destacadas en el sobre por sus abreviaturas.

   Doctor Luis **Fernández** Herrera
   Avenida de la Libertad 5, 1.º **derecha**
   23440 Baeza
   Jaén

7. Copia este texto cambiando los nombres destacados por sus correspondientes siglas.

   En el **Boletín Oficial del Estado** se publicó un acuerdo entre la **Universidad Española de Educación a Distancia** y la **Organización Mundial de la Salud** para realizar una investigación sobre la diabetes.

Los signos de puntuación I. El punto, la coma y el punto y coma

El **punto (.)** señala el final de un enunciado que no sea interrogativo ni exclamativo: *La surfista está en la cresta de la ola*. La siguiente palabra después del punto se escribe con mayúscula inicial.

Hay tres clases de puntos:

- **Punto y seguido:** separa dos enunciados de un mismo párrafo.
- **Punto y aparte:** marca el final de un párrafo.
- **Punto final:** indica el final de un texto.

La **coma (,)** se emplea en un enunciado para separar:

- Los elementos de una enumeración, siempre que entre ellos no aparezcan *y, e, ni, o, u: Ricardo, Carmen y Jordi harán los papeles protagonistas de la obra.*
- El nombre de la persona a la que se dirige el emisor en el enunciado: *Se acabó la leche, mamá.*
- Una aclaración: *Nicolás, el profesor de 6.º, nos acompañó a la excursión.*
- Conectores como *por ejemplo, es decir, así que...: Me gusta mucho leer, por ejemplo, novelas.*

El **punto y coma (;)** se emplea para separar:

- Los elementos de una enumeración cuando alguno de ellos incluye una coma: *La capital de Canadá es Ottawa; la de Cuba, La Habana; y la de México, Ciudad de México.*
  En este caso, la coma se coloca para indicar que se omite el verbo que aparece antes *(es).*
- Dos oraciones relacionadas entre sí por conectores como *sin embargo, no obstante...: La ballena es un animal marino; sin embargo, no se trata de un pez, sino de un mamífero.*

1 Escribe un breve texto sobre el sistema solar en el que uses los tres tipos de puntos.

2 Copia estas oraciones y añade las comas que faltan.

- ¿Me pasas mi bufanda Alberto?
- En el estuche tengo un lápiz una goma de borrar y un sacapuntas.
- Mérida es una localidad pacense es decir perteneciente a la provincia de Badajoz.

3 Completa en tu cuaderno estas oraciones con comas o puntos y coma, según corresponda.

- Luis trajo globos..... Aurora, tarta..... y Ana, bebidas.
- Él defenderá por la banda derecha..... tú..... por la izquierda..... y yo seré el portero.

4 Une estas dos oraciones empleando el conector **no obstante** y los signos de puntuación adecuados.

- Tengo mucho sueño.
- Ordenaré la mochila antes de acostarme.

Pon en práctica

1 Copia y completa este tique de compra con las pistas proporcionadas.

Supermercado La Cesta

..... del Mar, 5

22003 Huesca Tel.: 974 523 896 2

5 012345 678900

VENTA

Fecha: 28 de noviembre de 2015. Hora: 12:41 h.

Producto	Precio	Cantidad	Total
Leche desnatada	0,80 €	2	1,60 €
Barra de pan	0,45 €	1	0,45 €
Mantequilla	1,80 €	1	1,80 €
Total			3,85 €

..... de los productos comprados: 0,24 €

Gracias por su compra.

Recuerde: esta semana los productos lácteos ..... ③ ..... las frutas y las carnes frescas están de oferta.

Nuestro horario de apertura .....

- Sigla de *impuesto sobre el valor añadido.*
- Predicado de la oración.
- Abreviatura del nombre *plaza.*
- Signo de puntuación.

2 Di cuál de las oraciones de este texto cambiarías para que su sujeto pasara a ser omitido y explica por qué lo harías.

Mi hermana tiene once años. Mi hermana es una chica alegre y simpática.

3 En grupo, averiguad a qué palabras corresponden las siguientes siglas.

ESO FMI OTAN ONCE

4 Copia y completa este texto con los signos que faltan.

Juan..... mi hermano menor..... es una persona muy reflexiva..... Por ejemplo, hoy ha ordenado la ropa guardada en su habitación..... Después de mucho pensarlo, colocó las camisetas en la balda superior..... los jerséis, en la del medio..... y los pantalones..... en la inferior.....

5 Escucha y copia el dictado en tu cuaderno. Después, intercámbialo con el de un compañero para corregirlo.

Análisis

Det. N N

Una mosca caminaba por el techo del salón.

S P

6 Analiza sintáctica y morfológicamente en tu cuaderno la siguiente oración.

- Al final del verano, los delicados pétalos de la flor cayeron.

El reportaje

El **reportaje** es un texto informativo (periodístico) que profundiza en una noticia o en un tema de actualidad. El reportero suele recurrir a la investigación y proporciona al lector información detallada sobre hechos, temas o personajes. El reportaje incluye testimonios o entrevistas, imágenes, gráficos, etc., y en ocasiones contiene la opinión personal del periodista.

1. ¿Has leído algún reportaje? ¿Cuál era el tema? ¿Qué hechos relataba?

2. Lee atentamente el siguiente reportaje.

La llegada de los robots humanoides — Titular

Descubrimos los últimos avances en robótica en el Congreso Humanoids 2014, celebrado en Madrid — Entradilla

REVISTA CIENCIA CERCANA, 23-11-2014

Este congreso, en el que han participado treinta países, pretende ser un lugar de encuentro entre empresas dedicadas a la robótica, con la intención de que esta empiece a instalarse en las diferentes actividades humanas.

El congreso nos ha dejado imágenes maravillosas y, para mí, sorprendentes, que podrían estar sacadas de una película futurista. Ya no hace falta imaginar robots humanoides, con total autonomía, realizando todo tipo de tareas. Los hemos podido ver en Humanoids 2014. — Opinión del reportero

Según el experto Rodrigo de Lucas, los avances son notables: «La inteligencia artificial se encuentra ya en los laboratorios, ayudando a los investigadores científicos en sus tareas diarias». Pero De Lucas va más allá: «Si se consiguen resolver los problemas de percepción, los humanoides pronto estarán en nuestros hogares». — Testimonio

En este congreso hemos podido descubrir los proyectos existentes para los próximos años. Su objetivo final es mandar robots humanoides a la superficie de Marte para realizar tareas de investigación.

Analizo

Aunque son textos periodísticos, los reportajes utilizan un lenguaje más atractivo para captar el interés del lector.

3. Reflexiona acerca del texto.
   - ¿Cuántos tipos de letra distintos utiliza? ¿Para qué?
   - ¿Por qué crees que aparece esa imagen en el reportaje? ¿Qué otra se podía haber elegido?

4. Vuelve a leer el texto y responde.
   - ¿Qué tema trata el reportaje? ¿Te parece interesante? ¿Por qué?
   - ¿Qué avances se esperan en el futuro?

Escribe un reportaje sobre un tema que te interese relacionado con tu colegio, tu barrio o tu localidad.

Planifico

5 En primer lugar, ordena tus ideas en un guion.

- Piensa en el tema que vas a tratar.
- Busca información, preguntado a testigos, expertos o protagonistas.
- Organiza la información.
- ¿Qué titular pondrás? ¿Qué entradilla?
- ¿Qué opinas del tema?
- ¿Qué imágenes podrías utilizar?

Puedes tomar como modelo este mapa mental y completarlo.

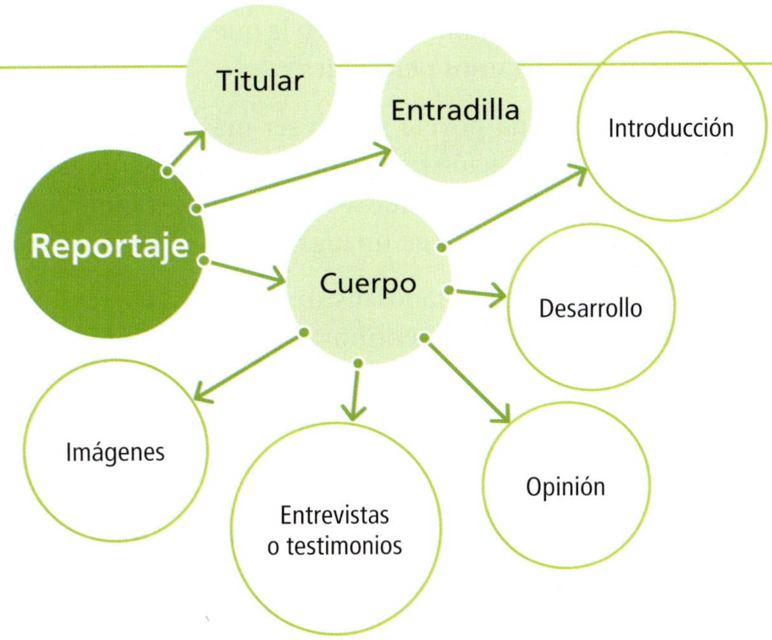

Redacto

6 Elabora un borrador con los datos de tu guion. Elige el lugar que ocupará la imagen.

7 Reescribe el reportaje teniendo en cuenta la planificación que has hecho. No olvides cuidar la ortografía y la presentación.

Mejora tu redacción

El texto explicativo debe ser preciso y estar argumentado correctamente. Para conseguirlo, puedes:

- Utilizar **conectores** a fin **de** expresar la **consecuencia** de los hechos: *así que, por tanto, de manera que, por este motivo…*
- Emplear **conectores** con el propósito **de** expresar **finalidad:** *para, a fin de, con objeto de, con vista a…*

Reviso

8 Relee tu texto y valora en tu cuaderno estos puntos para evaluar tu progreso.

9 Intercambia tu texto con un compañero y valora su trabajo.

Caligrafía	¿Se entiende la letra?
Ortografía	¿Hay faltas? Corrígelas.
Estructura y redacción	¿Has tratado el tema con profundidad, aportando más datos que una noticia?
	¿Has utilizado enlaces para argumentar los hechos?
	¿Has introducido tus opiniones? ¿Has utilizado un lenguaje atractivo?
Presentación	¿Está organizada la información de modo que destaque el titular y la entradilla?
	¿Aporta la imagen información adicional?

La narrativa III. La novela

La **novela** es una narración extensa en la que se cuentan hechos inventados que les suceden a unos personajes.

Los personajes de una novela suelen ser más numerosos que los de un cuento, y su caracterización física y de comportamiento tiene mayor detalle y profundidad. La historia que se narra es más compleja, suele dividirse en capítulos y desarrollarse en un lugar y en un tiempo determinados.

En las novelas aparecen tratados distintos temas. Así, según su contenido, pueden ser fantásticas, de aventuras, policíacas, de terror, de ciencia ficción, realistas...

1 Lee el siguiente fragmento de novela.

Sevilla recibió a la embajada **nipona** como si fuesen los Reyes Magos cargados de presentes. En los días siguientes visitaron la catedral, la Giralda y el convento de San Francisco. Además, se celebraron comedias y recepciones en su honor y los pobres extranjeros fueron exhibidos como monstruos de feria en los salones de las casas de todos los **notables** de la ciudad. Con paciencia oriental habían soportado las miradas curiosas de las mujeres y las pillerías de los niños. [...]

—¿Los ha escuchado hablar?

—Sí. No hay quien los entienda. Es el fraile que va con ellos quien hace de traductor del embajador Hasekura. Pero eso no es lo más extraño.

—¿Ah, no?

—No, escucha. El fraile nos mostró un pergamino con un montón de borrones negros incomprensibles.

—¿Y?

—Pues que es así como escriben.

—¿Sin letras?

—Así es, y lo hacen de arriba abajo y no de izquierda a derecha. A pesar de todo, estoy casi seguro de que alguno de los samuráis del embajador entiende bastante bien nuestra lengua.

—¿Samuráis?

—Sí, es así como se llaman los soldados que lo acompañan.

Marcos Calveiro

nipón: originario de Japón.

notables: personas principales de una localidad.

2 Responde a las preguntas sobre el texto.

- ¿En qué lugar se desarrolla la historia? ¿Qué monumentos de la ciudad se mencionan?
- ¿Crees que los hechos ocurren en la actualidad? ¿Por qué?
- ¿De qué personajes se habla en el texto?

3 Piensa en títulos de novelas conocidas y, en pequeños grupos, dialogad y elaborad una lista con los datos siguientes.

- Tipo de novela: fantástica, de aventuras, de ciencia ficción…
- Protagonistas.
- Lugar y época en los que se desarrollan los hechos.

4 Lee el fragmento de esta famosa novela y explica de qué tipo es.

A la mañana siguiente Frodo despertó renovado. Estaba acostado bajo una enramada; las ramas de un árbol bajaban entrelazadas hasta el suelo. La cama era de helecho y musgo, suave, profunda y extrañamente fragante. El sol refulgía entre las hojas temblorosas, todavía verdes. Frodo se levantó de un salto y salió.

Sam estaba sentado en la hierba, cerca del linde del bosque. Pippin, de pie, estudiaba el cielo y el tiempo. No había señales de los Elfos.

—Nos han dejado frutas, bebidas y pan —dijo Pippin—. Ven a desayunar. El pan es casi tan bueno como anoche. Yo no quería dejarte nada, pero Sam insistió.

Frodo se sentó junto a Sam y empezó a comer.

—¿Cuál es el plan de hoy? —preguntó Pippin.

—Caminar hacia Los Gamos tan rápido como sea posible —respondió Frodo, volviendo su atención a la comida.

J. R. R. TOLKIEN

John Ronald Reuel Tolkien (1892-1973), conocido como J. R. R. Tolkien, fue un escritor y profesor de universidad británico. Gracias a su gran imaginación, inventó un mundo llamado Arda y en uno de sus continentes, *La Tierra Media*, se desarrollaron sus novelas más conocidas: *El hobbit* y *El señor de los anillos.* Inventó también las lenguas que se hablaban allí.

5 Investiga sobre las novelas de Julio Verne que han sido llevadas al cine. Haz una lista con su título y la fecha de publicación del libro y de estreno de la película.

6 Dibuja un mapa del tesoro ideado por ti e inventa un texto narrativo relacionado con él, siguiendo estos pasos.

- Elabora un guion con los datos más importantes: inicio, en el que expongas el lugar y el tiempo y presentes a los personajes; nudo, donde plantees el problema y relates las aventuras que viven los personajes; y desenlace.
- Narra el momento en que los personajes se encuentran el mapa y expón lo que sintieron ante ese acontecimiento.

7 Representad en pequeños grupos los textos que habéis elaborado.

El guion

El **guion** es un texto breve en el que se recogen de forma ordenada las ideas que sirven de guía para la realización de un trabajo o proyecto.

El guion es muy útil en cualquier proceso de trabajo. Los pasos que se deben seguir en la realización de un trabajo son:

- Definir la tarea.
- Elaborar un guion.
- Documentarse, analizando y seleccionando información.
- Redactar el trabajo.
- Revisar.

Para elaborar el guion, resulta útil recurrir a esquemas o mapas conceptuales. En estos no pueden faltar los aspectos que se han seleccionado para el trabajo, así como otros recursos necesarios para su elaboración.

Por ejemplo, para realizar un trabajo sobre Europa, el guion podría ser este:

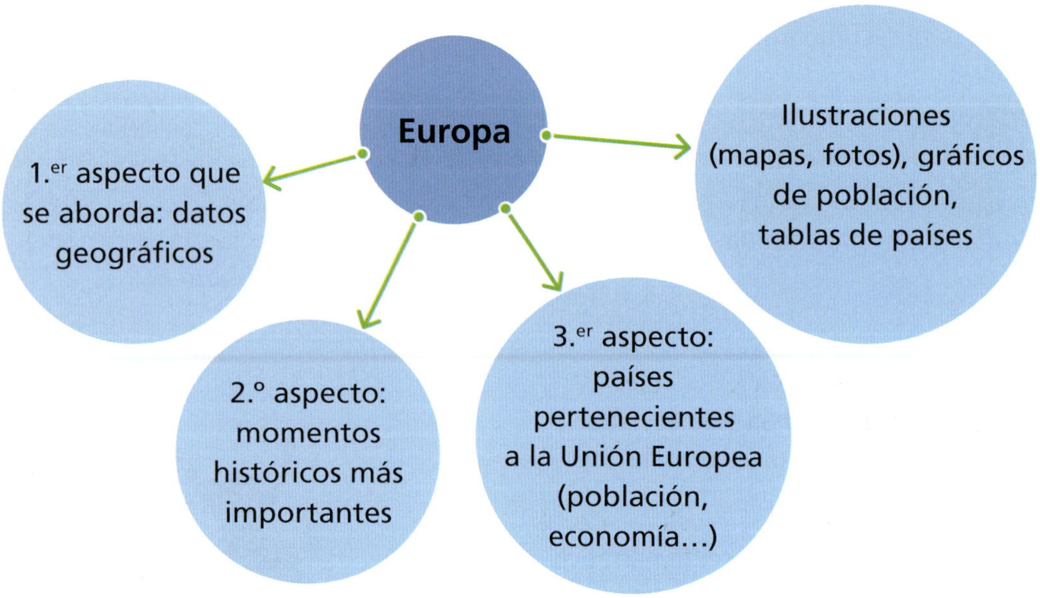

Si el trabajo consiste en una exposición oral, se puede reescribir el guion con la información seleccionada para que sirva de guía.

Aplica

1. Elabora un guion para la realización de un trabajo sobre telefonía móvil. Puedes elegir aspectos como sus orígenes, evolución, funcionamiento, tendencias o cualquier otro que te parezca interesante.

2. Elige alguno de estos temas, prepara un guion y realiza una exposición escrita.
   - Las novelas fantásticas.
   - La mitología griega.
   - Cervantes.

¿TE ACUERDAS?

1 Desarrolla en tu cuaderno el mapa mental de la unidad.

REPASA

2 Escucha y copia el dictado en tu cuaderno.

3 Formad grupos en clase y simulad un debate televisivo sobre las ventajas de vivir en el campo o en la ciudad.

4 Escribe un reportaje turístico sobre tu localidad y propón un recorrido por los lugares más significativos. Incluye fotografías y testimonios de turistas o de personas relacionadas con los puntos de interés.

5 Selecciona una novela de tu biblioteca o de la biblioteca del colegio. Explica qué tipo de novela es, quiénes son sus protagonistas y dónde y cuándo se desarrollan los hechos.

6 Imagina que debes realizar un mural sobre el código morse. Infórmate en Internet sobre el tema y escribe el guion previo al trabajo.

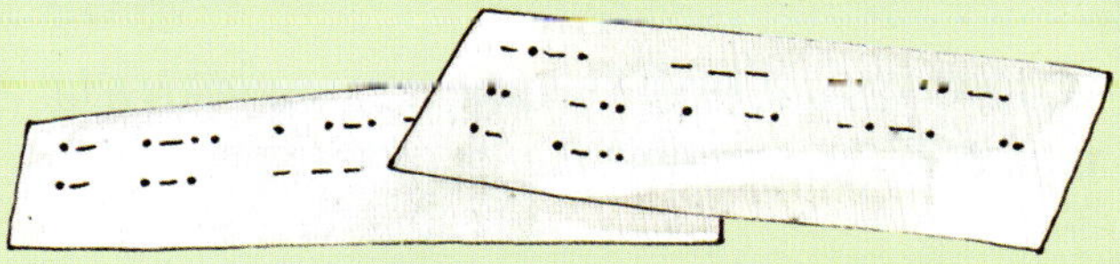

¡ATENCIÓN, PREGUNTAS!

Recuerda hacer las actividades en tu cuaderno o en una hoja aparte.

Después de desayunar, cada uno iba a ocuparse de sus quehaceres: Pablo a la escuela, Jacinto al despacho y Rosa a las tareas de la casa.

Pese a que cada mañana le aguardaban montañas de cosas por hacer, lo primero era sacar a Tento a dar su paseo. Tras una larga noche encerrado, el animal comenzaba a dar muestras de no poder aguantar más las ganas de hacer pipí.

Y, mientras acompañaba al perro, aprovechaba para comprar el pan, pasar por la tintorería y, sobre todo, para ver si Violeta ya estaba levantada y se encontraba bien.

Le preocupaba terriblemente que a aquella mujer, tan mayor y tan sorda, pudiera pasarle algo sin que hubiera nadie a su lado para echarle una mano.

Violeta vivía en su misma calle, unas casas más abajo. Los temores de Rosa no eran infundados. Realmente, Violeta era muy mayor y estaba muy sorda, más aún cuando algo le alborotaba los nervios; entonces empeoraba, se volvía sorda como una tapia.

Ricardo ALCÁNTARA

1 ¿Cuál es la primera tarea que realiza Rosa cada mañana?

- Comprar el pan.
- Visitar a Violeta.
- Pasear a Tento.
- Ir a la tintorería.

2 ¿Cómo se siente Rosa respecto a Violeta?

- tranquila
- preocupada
- atareada

3 ¿Violeta vive sola o acompañada?

4 Señala los grupos de palabras que formen una oración.

- La familia desayuna a las ocho.
- Sorda como una tapia.
- Rosa Violeta cada día visita a

5 Identifica el sujeto y el predicado de estas oraciones y subraya sus núcleos.

- Suena en la radio mi canción preferida.
- Aquel día de verano fue maravilloso.
- Te queda grande esta chaqueta.

6 ¿A qué palabras corresponden estas abreviaturas?

- izda.
- etc.
- dicc.
- pág.

7 Escribe las siglas que se utilizan para referirse a estos lugares.

- Organización No Gubernamental
- Instituto de Educación Secundaria

8 Copia este texto y añade las comas y los puntos que faltan.

En muchas partes de España es festivo el día de San Juan es decir el 24 de junio Este día se festeja también en otros países por ejemplo en Cuba Perú o Brasil

9 Completa con coma o punto y coma.

Tú puedes esconderte detrás del sofá..... Marta..... dentro del armario..... y yo..... bajo la cama.

10 Escribe qué signos de puntuación debes usar en estos casos.

- Para separar una aclaración o explicación dentro de una oración.
- Para señalar el final de un enunciado que no es ni interrogativo ni exclamativo.

¿Consideras que es útil hacer guiones previos a la realización de un trabajo? ¿Por qué?

10 Reportajes en tu onda

Ana y Sara van a grabar un reportaje en la radio.

Observa estas imágenes y responde.

- ¿Qué están haciendo estos niños de la izquierda?
- ¿En qué tipo de medio de comunicación emite su reportaje Javier?
- ¿Qué piensas que están escribiendo Ana y Sara?

- ¿Has escuchado un reportaje en la radio alguna vez? Si es así, ¿te acuerdas de cuál era el tema?
- ¿Sobre qué asunto que te interese a ti personalmente te gustaría hacer un reportaje de radio?
- ¿Cómo harías para preparártelo?

Javier ha hecho un reportaje acerca de la Luna.

Realizar un reportaje para la radio

1 Escucha atentamente este fragmento de un reportaje de radio y anota lo que consideres más importante.

2 Responde a estas preguntas.

- ¿De qué tema trata el reportaje de este programa de radio?
- Resume el contenido del reportaje distinguiendo entre las ideas principales y las secundarias.
- ¿Cuál es el detalle curioso que se da sobre uno de los cuadros?
- ¿De qué siglo es el pintor del que se habla? ¿Cuáles son los datos que te sirven para saberlo?
- ¿Qué se puede escuchar mientras como fondo del reportaje?

3 ¿Piensas que el lenguaje que se emplea es más formal que el lenguaje coloquial? Justifica tu respuesta.

4 ¿Crees que este tipo de reportaje sirve para aprender? ¿Por qué?

Para **realizar un reportaje para la radio,** hay que redactar previamente un guion en el que se ordene el contenido: apertura (presentación del tema), desarrollo (ideas principales y secundarias) y cierre (conclusión del reportaje).

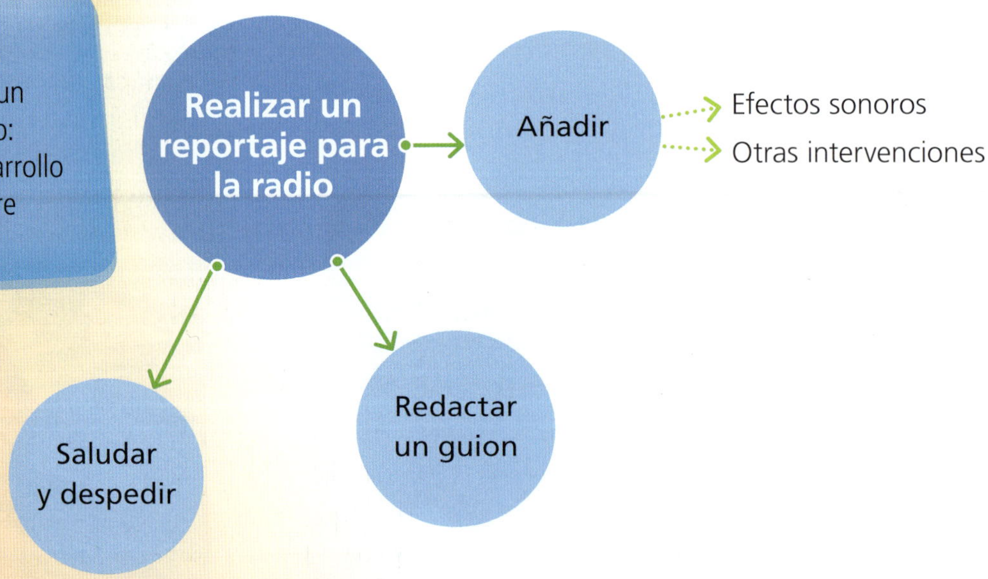

5 Busca información sobre el segundo cuadro de Van Gogh mencionado en el texto y redacta una parte complementaria para el reportaje. Léela delante de tus compañeros.

6 Redacta un guion para hacer un reportaje radiofónico sobre la profesión que te gustaría desempeñar. Grábalo para escucharlo en clase.

A veces, las cosas importantes en la vida suceden por casualidad.

¿Pintora por casualidad?

¿Crees que si una persona desea mucho algo en la vida lo conseguirá? ¿Por qué?

Van Gogh... Por fin iba a ver la exposición. Tanto tiempo deseándolo, y allí estaba yo, frente al Museo del Prado. Llevaba la entrada en el bolsillo de la gabardina. Había llegado a Madrid la noche anterior. Desde Ciudad Real, en el AVE. Me reuní con mi primo Jaime, al que hacía meses que no veía, nos tomamos unos pinchos y volvimos pronto a su casa, ya que al día siguiente tanto él como yo teníamos que madrugar. Él para ir al trabajo, yo para cumplir un viejo sueño.

La pequeña habitación que Jaime tenía para los invitados me recordó mucho la de Van Gogh en Arlés. La distribución de los muebles era la misma que la del cuadro: la cama a la derecha, al lado de la puerta y la ventana... Casualidades. Me costó dormirme, no podía dejar de pensar en que ya pronto iba a ver aquellas obras que llevaba toda la vida atesorando en libros y láminas.

De Van Gogh me gustaba todo, desde que yo era niño. Me llamaba la atención su vida, tan triste, y, cómo no, su pintura. Me imaginaba a aquel hombre, nacido en las brumas de Holanda, que había terminado viviendo en la claridad del sur de Francia, y lo comprendía... Comprendía su afán por pintar a pesar de no lograr vender más que un lienzo, su difícil carácter, su admiración por los artistas japoneses. Necesitaba contemplar aquella **retrospectiva** de su obra: sus primeros cuadros, oscuros, de ambiente campesino; sus últimos cuadros, luminosos: los cielos azulones, las espigas y los girasoles amarillos.

A la mañana siguiente, cuando me bajé del autobús y crucé el paseo del Prado, me topé con una cola inmensa que daba la vuelta al edificio.

retrospectiva: exposición de obras de arte que muestra la evolución del estilo de un artista.

El cielo azul, el aire limpio... hacía un frío de justicia y los que esperaban iban envueltos en parkas y abrigos acolchados. No me preocupé: previsor como era, había comprado la entrada tiempo atrás, por Internet. Pasé junto a los puestos de *souvenirs*. También había retratistas que copiaban del natural. Allí estaba, la puerta por la que se pasaba si se disponía de una entrada previa.

Y fue entonces cuando empezó mi desdicha: eché mano al bolsillo y no encontré la entrada... Sabía que la llevaba en el de la derecha, pero, por si acaso, miré en el de la izquierda y también en los bolsillos interiores. Nada. Traté de explicar en las taquillas que la había perdido, les rogué que miraran en el ordenador. Al ver que era inútil, intenté comprar una nueva; me indicaron la cola y me dijeron que ya no quedaba nada para aquel día. Mi excursión terminó como había comenzado: en la estación de Ciudad Real, sin ver la exposición. Los cuadros de Van Gogh en mi memoria, más **nítidos** que nunca. Cuando llegué a casa, en el salón me esperaba como siempre la copia de *La noche estrellada*, uno de mis preferidos.

nítido: que se percibe de manera precisa y clara.

Fue raro. Nada más bajar del autobús, me la encontré en el suelo. Tenía forma rectangular y enseguida me di cuenta de que era una entrada para el Prado. «Exposición temporal de Van Gogh», ponía, y la fecha de ese día. Fui hacia el puesto de mi padre sin levantar la cabeza del papel. No me lo podía creer. Parecía un regalo caído del cielo. Él era pintor, pero no tenía mucho éxito. Para ganar un poco de dinero, hacía retratos, sobre todo a los turistas. A veces instalaba su puesto cerca del Prado; otras, en el Retiro o en el Rastro. Pero en casa, en el estudio, pintaba otras cosas: las que le salían verdaderamente del corazón.

Cuando llegué, no había ningún cliente. Mi padre estaba libre. Se alegró de verme, aunque ya se imaginaba que en algún momento me pasaría por allí. Solía hacerlo cuando no tenía colegio, y estábamos en plenas Navidades.

—Eh, María, ¿qué pasa? ¡Qué seria estás! —dijo viniendo hacia mí.

No contesté, solo le tendí la entrada.

Se la quedó mirando sin comprender.

—Estaba en el suelo —le expliqué—. Alguien tiene que haberla perdido.

A mi padre le gustaba el Prado. Aprovechaba para ir muchas tardes a última hora, cuando se puede entrar gratis. Pero la exposición de Van Gogh…, para verla había que comprar una entrada, no quedaba otra posibilidad. Y él no podía permitirse ese lujo…

Levantó la mirada y clavó sus ojos en los míos. No dijimos nada, pero nos entendimos. Faltaba apenas un cuarto de hora para las doce, la hora que teníamos asignada. Al tener menos de dieciocho años, yo podía entrar sin pagar y no pensaba perderme la visita junto a mi padre por nada del mundo.

—Vamos, papá —me atreví a decirle, cogiéndole de la mano.

Salió de su **desconcierto,** comenzó a guardar con rapidez pinceles, pinturas y paleta en el maletín; amontonó las telas en el carrito y lo sujetó todo con las bandas elásticas. Luego se acercó a Marcos, que **regentaba** el puesto de al lado, y le dijo:

—Chico, tengo que irme. Échale un ojo a esto, que luego vendré a buscarlo.

Y sin darle tiempo a responder, salimos corriendo, rumbo a la exposición de Van Gogh.

Dios mío, aquel día, viendo los cuadros de Van Gogh y escuchando las explicaciones de mi padre, me hice pintora. Solo que no lo supe hasta años después.

Marinella Terzi

desconcierto: estado de ánimo de sorpresa y confusión.

regentar: dirigir un negocio.

Comprendo

Personajes

1 ¿Qué personaje del relato era un apasionado de la pintura de Van Gogh?

Análisis del texto

2 Responde a estas preguntas en tu cuaderno.

- ¿Qué admiraba el primo de Jaime de Van Gogh?
- ¿Pudo ver su exposición en el Museo del Prado? ¿Por qué?
- ¿A quién pertenecía la entrada que María encontró?
- ¿Cómo influyó en la vida de María la visita a la exposición de Van Gogh?

3 Busca en una enciclopedia o en Internet la pintura *El dormitorio de Arlés,* de Van Gogh, y compárala con la ilustración de la página 205. Después, di en qué se parecen y en qué se diferencian.

Estructura

4 ¿Es el narrador del relato el mismo en todo el texto? Si no es así, ¿quiénes son los narradores del texto? ¿Qué parte del relato corresponde a cada uno?

Vocabulario

5 Copia el significado de la expresión destacada en esta oración.

> La entrada que encontró María parecía un regalo **caído del cielo**.

- Que cae de una nube.
- Que sucede rápidamente.
- Que ocurre inesperadamente y en el tiempo o el lugar más oportunos.

6 Escribe en cuál de estas ilustraciones **hace un frío de justicia** y explica por escrito el significado de esta expresión.

Habilidad lectora

> Muchos textos incluyen ilustraciones que transmiten información sobre su contenido.

7 Fíjate en las ilustraciones que acompañan al texto y explica a qué parte del mismo corresponde cada una.

Pienso

8 ¿Crees que fue fácil para Van Gogh dedicarse durante su vida a pintar? Da las razones por las que crees que lo hizo.

9 Dialoga con tu compañero acerca de qué profesión te gustaría dedicarte en el futuro y qué tendréis que hacer cada uno para conseguirlo.

1 Lee esta noticia publicada en un periódico digital.

Las Noticias 3 de mayo

Una retina electrónica permite recuperar parte de la visión a dos pacientes

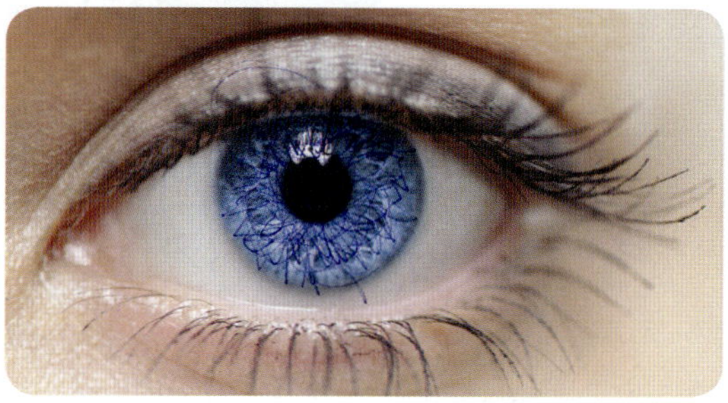

Dos pacientes invidentes lograron ver la luz y distinguir formas gracias a un chip de tamaño muy pequeño que se les implantó recientemente en la retina en el Hospital Oftalmológico de la Universidad de Oxford (Reino Unido).

Ambas personas eran invidentes por causa de una retinitis pigmentosa, un trastorno ocular genético que provoca ceguera permanente. Sin embargo, semanas después de que se les implantara este «ojo electrónico», los pacientes fueron capaces de ver la luz y reconocer formas.

Esta tecnología, desarrollada por la empresa alemana Retina Implant, permite convertir la luz captada por el microchip en impulsos eléctricos que se transmiten al cerebro a través del nervio óptico.

Comentarios

1.º  Pablo González
03/05/2015 - 07:16 horas

¡Qué buena noticia! ¿Llegará el día en que no haya más personas afectadas por la ceguera? La medicina ha avanzado mucho en la curación de enfermedades. Ojalá siga haciéndolo.

Responder Valorar + -

2 Responde a estas preguntas.

- ¿En qué consiste el «ojo electrónico» del que se habla en el texto?
- ¿Lograron recuperar completamente la visión los pacientes intervenidos?

3 Copia estas dos oraciones y subraya su predicado. Después, señala cuál expresa una cualidad o estado del sujeto y cuál, una acción.

- La medicina ha avanzado mucho en la curación de enfermedades.
- Ambas personas eran invidentes por causa de una retinitis.

4 Copia qué palabra del texto se utiliza en lugar del término **ciegos**. Después, di cuál de las dos palabras prefieres emplear e indica por qué.

5 Explica qué encierra en el texto cada una de estas parejas de signos: **¿?**, **¡!** y **()**.

- Un dato concreto sobre algo mencionado antes.
- Una pregunta.
- Una exclamación.

6 Escucha estas palabras, cópialas y búscalas en el diccionario. Después, escribe una oración con cada una.

El predicado I. Clases. El atributo

El **predicado** es lo que se dice del sujeto en la oración. Su función la cumple un grupo verbal (GV), es decir, un grupo de una o más palabras que tiene como núcleo (N) o palabra más importante un verbo en forma personal. Por ejemplo:

Alfonso [pasea]N con su perro guía.
Sujeto: Alfonso — Predicado: pasea con su perro guía

Clases de predicados

El predicado de una oración puede ser nominal o verbal.

- El **predicado nominal** está formado por un **verbo copulativo** (V. Cop.), como *ser, estar* o *parecer,* y por un **atributo** (Atr.), que expresa una cualidad o un estado del sujeto. El verbo enlaza el atributo con el sujeto.
- **El predicado verbal** está formado por un **verbo predicativo** (V. Pred.) que expresa, por lo general, una acción, como *estudiar, correr* o *salir.*

  Los verbos *ser, estar* o *parecer* son predicativos cuando no enlazan el sujeto con un atributo. Por ejemplo: *Mi hermana **está** en la casa de la abuela.*

Los niños [estaban]V. Cop. [contentísimos]Atr.
Sujeto: Los niños — Predicado nominal: estaban contentísimos

Los niños [jugaban]V. Pred. en el parque.
Sujeto: Los niños — Predicado verbal: jugaban en el parque

El atributo

En el predicado nominal, la función de **atributo** puede ejercerla, entre otras palabras o grupos de palabras, un adjetivo, un grupo nominal (GN) o un grupo nominal encabezado por una preposición.

El césped está [reseco]Atr.
Sujeto: El césped — P. nominal: está reseco

Sicilia es [una isla italiana]Atr.
Sujeto: Sicilia — P. nominal: es una isla italiana

Tu chaqueta parece [de cuero]Atr.
Sujeto: Tu chaqueta — P. nominal: parece de cuero

El atributo concuerda en género y en número con el sujeto. Por ejemplo: *El **león** parecía **nervioso**. / Las **leonas** parecían **nerviosas**.*

Para reconocer un atributo, basta con comprobar si la palabra o el grupo de palabras que funciona como tal pueden sustituirse por el pronombre *lo.* Por ejemplo: *Alberto es **alto**.* → *Alberto **lo** es.*

1 Copia el predicado de cada una de estas oraciones y escribe de qué clase es (nominal o verbal).

- La Luna es un satélite de la Tierra.
- Teresa echó la carta en el buzón.
- El monte Kilimanjaro está en Tanzania.
- Ellas fueron amables con los niños.

2 Completa en tu cuaderno las oraciones con las formas verbales adecuadas. Después, clasifícalas en copulativas y predicativas.

- José Luis ..... enfermo la semana pasada.
- Los hámsteres ..... cereales y semillas.
- El portero ..... el balón.
- La Rioja ..... una comunidad autónoma española.

3 Copia el núcleo del sujeto y el atributo del predicado de estas oraciones y comprueba si concuerdan en género y número.

- Ellos están enamorados.
- Este jersey parece suave.
- La nueva jugadora es rapidísima.

4 Representa con gestos dos oraciones con predicado nominal. Tu compañero deberá adivinarlas, escribirlas y subrayar su atributo. Después, le tocará a él representar las suyas y a ti adivinarlas.

5 Finaliza las oraciones con los predicados indicados.

- Las gaviotas ..... → Predicado verbal formado por tres palabras
- Nosotras ..... → Predicado nominal con un adjetivo que funcione como atributo

6 Copia este texto completándolo con verbos del tipo indicado.

■ Verbo copulativo ● Verbo predicativo

Vincent van Gogh ■ un importante pintor holandés. Nació en 1853 en Zundert (Países Bajos) y ● en 1890 en Auvers-sur-Oise (Francia). A lo largo de su vida ● 900 cuadros. Entre ellos se encuentran las pinturas *Los comedores de patatas* y *Jarro con doce girasoles*. Su obra pictórica ■ una de las más importantes de la historia.

Las palabras tabú y los eufemismos

Las **palabras tabú** son aquellas que se evita utilizar porque suenan mal, pueden molestar a otras personas o hacen sentir vergüenza a quien las dice o escucha. Por ejemplo: *viejo.*

Los **eufemismos** son las palabras o expresiones que se emplean en lugar de las palabras tabú. Por ejemplo: *anciano,* en lugar de *viejo.*

7 Relaciona en tu cuaderno cada palabra tabú con su correspondiente eufemismo.

váter	cárcel	preñada
embarazada	aseo	centro penintenciario

8 Copia las oraciones, sustituyendo las palabras tabú por eufemismos.

- Su abuelo está en un **asilo.**
- El número de **pobres** ha aumentado por la crisis económica.
- Mi tía Aroa **parió** ayer.

Los signos de puntuación II. Los signos de interrogación y de exclamación y los paréntesis

Se utilizan los **signos de interrogación (¿ ?)** cuando se escribe una pregunta directa. Los signos se colocan al inicio (¿) y al final (?) del enunciado. Por ejemplo: *¿Qué ingredientes llevan los espaguetis a la carbonara?*

Se emplean los **signos de exclamación (¡ !)** cuando se escribe una exclamación que puede expresar alegría, temor, admiración u otro tipo de sentimiento o emoción. Los signos se ponen al inicio (¡) y al final (!) del enunciado. Por ejemplo: *¡Cuánto tiempo sin verte!*

Se utilizan los **paréntesis ( ):**

- Para introducir una aclaración o comentario. Por ejemplo: *La final del campeonato (no hemos perdido ningún partido hasta ahora) la jugaremos el próximo sábado.*
- Para añadir un dato concreto, como un lugar o una fecha. Por ejemplo: *El escritor Juan Ramón Jiménez nació en la localidad de Moguer (Huelva).*
- Para encerrar una acotación en una obra de teatro. Por ejemplo: *ARTURO.—* (Con gesto serio). *Caballeros, debo deciros que un grave peligro se cierne sobre nuestro reino.*

Si un enunciado aparece entre paréntesis o finaliza con una parte entre paréntesis, el punto se coloca tras el paréntesis de cierre: *La perra Laika fue el primer ser vivo en viajar al espacio (1957).*

1 Escribe las preguntas de estas respuestas, que son parte de una entrevista a un jugador de fútbol.

R: Mi abuelo fue quien me llevó a un campo de fútbol por primera vez.

R: Sin duda, el gol que marqué en la final de la Copa del Rey.

R: Me gustaría jugar algún día en la selección nacional.

2 Escribe un enunciado con signos de exclamación para cada una de estas situaciones.

- Sales a la calle y fuera la temperatura es de –2 °C.
- Te sientes con mucho sueño.
- Te regalan algo que deseabas mucho.

3 Transforma estas dos oraciones en una sola. Para ello, utiliza los signos que correspondan.

El acueducto de Segovia fue construido por los romanos. El año pasado visité el acueducto de Segovia con mi primo.

4 Copia estas oraciones y pon los paréntesis que faltan.

- Granada fue conquistada durante el reinado de Isabel la Católica 1474-1504.
- Mi tío vive en Sídney Australia.

5 Añade en tu cuaderno una acotación a esta intervención teatral.

LA DETECTIVE.— ¿De quién será esta huella?

Pon en práctica

1 Copia y completa este cartel con las pistas proporcionadas.

- Verbo copulativo.
- Eufemismo de la palabra *manicomio.*
- Signo de puntuación.
- Signo de puntuación.

2 Añade a este texto sobre la ballena azul dos oraciones con predicado nominal. Busca información sobre este animal en una enciclopedia o en Internet.

Mide entre 24 y 27 metros de longitud y pesa entre 100 y 120 toneladas. Su cuerpo es largo y estilizado, de color gris azulado en el dorso y algo más claro en el vientre.

3 En grupo, escribid en el ordenador un breve texto en el que utilicéis dos de los siguientes eufemismos: **funcionario de prisiones**, **empleada del hogar**, **recluso**, **conflicto armado**.

4 Copia las oraciones y escribe los signos que faltan.

- Qué feliz te veo
- La bicicleta yo tengo una de color rojo es uno de los medios de transporte más populares
- Qué quieres tomar
- España forma parte de la UE Unión Europea

5 Escucha y copia el dictado en tu cuaderno. Después, intercámbialo con el de un compañero para corregirlo.

Análisis

Det.	N.	Comp.	V. Cop.	Atr.
Los	osos	polares	están	en peligro de extinción.
S			Predicado nominal	

6 Analiza sintácticamente en tu cuaderno la siguiente oración.

- El operario reparó el semáforo de la esquina.

El informe

Un **informe** es un texto expositivo en el que se describen de forma ordenada las características de un tema o proceso. El informe se basa en los resultados de una investigación o estudio. Suele incluir datos concretos representados en gráficos o tablas y termina con una conclusión.

1 ¿Has visto algún informe? ¿Qué tema trataba?

2 Lee atentamente el siguiente fragmento de informe.

Informe de Seguimiento de la EPT (Educación Para Todos) en el Mundo

Título

Más de 57 millones de niños siguen viéndose privados del derecho a la educación, y casi la mitad de ellos nunca ha estado en un aula.

Hay algunas buenas noticias. Por ejemplo, entre 1999 y 2011, el número de niños no escolarizados se redujo a casi la mitad, pasando de 107 millones a 57 millones. Tras un período de estancamiento, el número de niños no escolarizados comenzó de nuevo a disminuir entre 2010 y 2011. [...]

Los tres países con los mejores resultados desde 2006 son la República Democrática Popular Lao, Ruanda y Vietnam, que lograron una disminución de su población no escolarizada de al menos un 85% (ver tabla). Líbano y la India forman parte del grupo de diez países que consiguieron que su población no escolarizada disminuyera más en términos relativos, y también contribuyeron considerablemente a la reducción global del número de niños no escolarizados: una disminución de 2,2 millones y 4,5 millones, respectivamente.

Explicación de los datos

Tabla de los cambios en la población no escolarizada en el período comprendido entre 2006 y 2011

POBLACIÓN NO ESCOLARIZADA		
Países	2006 (en miles de personas)	2011 (en miles de personas)
Ruanda	273	20
Vietnam	436	39
RDP Lao	123	19
Congo	239	47
Líbano	58	12
India	6 184	1 674

Tabla

Analizo

Existen distintos tipos de informes. Los científicos, por ejemplo, describen procesos relacionados con experimentos o investigaciones; los técnicos, generalmente encargados por empresas o instituciones, sirven para analizar situaciones con intención de mejorar.

3 Reflexiona acerca del texto.

- ¿Es positivo para los países salir en la tabla? ¿Por qué?
- ¿Para qué sirve el paréntesis que hay en el título?

4 Vuelve a leer el texto y responde.

- ¿A quién podría interesar este informe? ¿Por qué?
- ¿Qué datos positivos y negativos refleja?
- ¿Qué conclusiones se podrían sacar?

Escribe un informe sobre alguna situación problemática o peligrosa de tu entorno geográfico: tu colegio, tu barrio...

Planifico

5 En primer lugar, ordena tus ideas en un guion.

- ¿Qué asunto vas a estudiar? ¿Para qué?
- Determina con exactitud los aspectos del tema que quieres investigar.
- ¿Cómo obtendrás la información: investigación (libros, prensa, Internet) y estudio (encuesta, recuento, observación)?
- ¿Cómo presentarás los datos?

Puedes tomar como modelo este mapa mental y completarlo.

Redacto

6 Elabora un borrador con los datos de tu guion. Practica la elaboración de tablas o gráficos en el ordenador con los datos obtenidos y añade las conclusiones a las que has llegado.

7 Redacta el informe teniendo en cuenta la planificación que has hecho. No olvides cuidar la ortografía y la presentación.

Mejora tu redacción

El informe es un texto formal que debe reflejar la realidad de un asunto con exactitud. Al explicar los aspectos de tu investigación, los resultados y las conclusiones, puedes:

- Utilizar **tecnicismos,** es decir, palabras técnicas que se emplean en un tema concreto, por ejemplo de población: *demografía, natalidad, mortalidad...;* de medicina: *patología, traumatismo...*
- Emplear **neologismos,** o palabras nuevas que designan algo que no existía antes, si fueran necesarios: *tableta, bloguera, wifi...*

Reviso

8 Relee tu texto y valora en tu cuaderno estos puntos para evaluar tu progreso.

9 Intercambia tu texto con un compañero y valora su trabajo.

Caligrafía	¿Se entiende la letra?
Ortografía	¿Hay faltas? Corrígelas.
Estructura y redacción	¿Has comenzado presentando el tema y exponiendo su finalidad?
	¿Has incluido los datos obtenidos y has sacado conclusiones?
	¿Has incluido tecnicismos? ¿Y neologismos?
Presentación	¿Has presentado los datos en tablas o gráficos?
	¿Aparece el título destacado?

La narrativa IV. Los elementos de la narración

Los elementos de la narración son el **marco** (espacio y tiempo), la **voz narrativa** o narrador y los **personajes**.

En el marco narrativo, el **espacio** es el lugar donde se sitúa la acción y puede ser real o imaginario, mientras que el **tiempo** es el momento en el que suceden los hechos y transcurre la historia y puede ser pasado, presente o futuro.

El **narrador** es la **voz** que cuenta la historia. Según el narrador, el relato puede ser en **primera persona**, cuando quien cuenta la historia es también un personaje o un testigo directo de la misma, o en **tercera persona**, si no participa en los hechos. El narrador presenta la acción, en la que intervienen una serie de personajes que se sitúan en un espacio y un tiempo determinados.

Los **personajes** forman parte de la acción que se narra. Se dividen en **principales y secundarios.** Entre los primeros se encuentra el **protagonista**, que lleva el peso de la historia, y el **antagonista**, que se opone o enfrenta al protagonista. Los **secundarios** aparecen menos y tienen un menor peso en la acción. Las características de los personajes se transmiten a través de descripciones, por su forma de actuar y mediante sus diálogos. Estos pueden estar en **estilo directo**, cuando las intervenciones de los personajes aparecen literalmente y se señalan con la raya de diálogo, y en **estilo indirecto**, si es el narrador el que cuenta lo que dicen los personajes.

1 Lee y observa el siguiente fragmento de novela.

Adeline y yo, sentados en el suelo, muy cerca el uno del otro, contemplábamos cómo pintaba bajo el claro de luna de la madrugada. Llevaba una pequeña vela prendida al ala de su sombrero de paja y había colocado otras dos, más grandes, en el caballete, iluminando el lienzo sobre el que daba pinceladas con el mismo ardor de siempre.

Tiempo pasado y narrador en 1.ª persona

Temí que en cualquier momento la cera se derramase y Vincent se quemase o provocase un incendio en el trigal donde nos habíamos reunido, pero él seguía hablando y pintado sin pausa. [...]

Diálogos de personajes. Estilo directo

—¡No pongas esa cara! Ya lo he hecho más veces en el sur; salía muchas noches a pintar las atestadas terrazas de los ***bistrots*** o la noche estrellada que como un árbol florido deja caer sus pétalos brillantes sobre nuestras cabezas.

—Así los lienzos serían muy oscuros.

—No, al contrario: en la oscuridad hay una viveza y una luz casi mística. Durante el día nuestros sentidos están rebosantes, tienen muchas cosas a las que atender, pero por la noche se concentran en aquello que es esencial.

Manuel Calveiro

bistrot: restaurante.

2 Piensa en el último libro del género narrativo que hayas leído y completa una ficha como esta.

Datos del libro	Título, autor, editorial…
Inicio	Espacio Tiempo Narrador Personajes Hechos que presentan la historia
Nudo	Problema inicial Acciones para solucionarlo
Desenlace	Resolución del problema

3 En pequeños grupos, dialogad sobre los libros que habéis elegido. Valorad si el tema era o no interesante y si los personajes reflejaban bien los sentimientos y los estados de ánimo.

4 Lee el texto y responde a las preguntas.

Un sábado, camino del bosque, yo iba sentada en el asiento del copiloto, al lado de Marcial. Y, de pronto, me preguntó:

—¿Tú sabes dónde vive el picapinos?

—En el bosque.

—Hombre, claro... ¡Qué cosas dices!, no querrás que viva en tu cabeza. Pero ¿sabes dónde hace su nido?

—Supongo que en los pinos. Por eso se llama picapinos, ¿no?

—Sí y no. Depende. El picapinos es el pájaro carpintero. Su pico es un hacha afilada que va mellando la madera.

Ignacio Sanz

- ¿Quién cuenta la historia? ¿Cómo lo sabes?
- ¿Cuál es el espacio y el tiempo de este fragmento?
- Según su voz, ¿qué tipo de narración es?
- ¿Quiénes participan en el diálogo?
- ¿Qué tipo de estilo es?

5 Por parejas, representad el diálogo anterior, inventando las intervenciones necesarias para poner fin a la conversación entre los personajes.

6 Escribe el inicio de una narración en tercera persona, introduciendo diálogos en estilo directo. No olvides incluir datos de los demás elementos narrativos: espacio, tiempo y personajes.

El procesador de textos

Un **procesador de textos** es un programa informático que permite crear y modificar documentos escritos. Al abrir este programa se puede encontrar una serie de pestañas o etiquetas que dan acceso a las diferentes funciones.

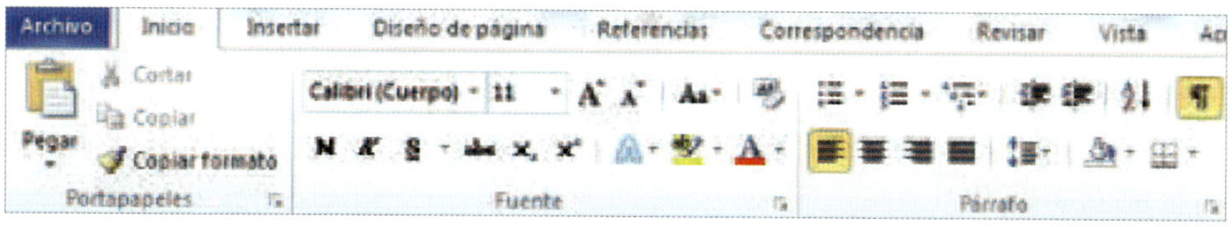

La pestaña de **Inicio** permite dar formato al texto. Se puede elegir el tamaño, el color y el tipo de letra, así como modificar el interlineado o distancia entre renglones eligiendo más o menos espacio en función del tipo de texto.

En la pestaña de **Insertar** se puede añadir al texto imágenes, tablas y gráficos. Con el comando **Formas** de esta pestaña puedes incluir llaves para elaborar esquemas, flechas para los mapas conceptuales y llamadas o bocadillos para los cómics.

La pestaña de **Diseño de página** te da la opción de elegir la orientación del documento (vertical u horizontal), modificar los márgenes u organizar el texto en columnas.

El procesador de textos ayuda también con la ortografía, pues mediante la pestaña **Revisar** se puede comprobar y corregir los posibles errores. Existe, igualmente, la posibilidad de buscar sinónimos para enriquecer el texto y evitar repeticiones.

Por último, desde el teclado podrás organizar el texto con orden y limpieza, ya sea introduciendo sangrías, o espacios blancos al inicio de párrafo, y confeccionando listas con ayuda de la tecla de tabulación, o creando párrafos con la tecla **Enter.**

Aplica

1. Elabora un esquema o un mapa conceptual de las reglas generales de acentuación.
   - Organiza la información mediante tabulaciones.
   - Utiliza llaves o flechas.
2. Realiza el anuncio publicitario de una exposición.
   - Da a la página orientación horizontal.
   - Escribe el nombre de la exposición con una letra que destaque.
   - Inserta alguna imagen.
   - Escribe la información y el eslogan con diferentes tipos de letra.

¿TE ACUERDAS?

1 Desarrolla en tu cuaderno el mapa mental de la unidad.

REPASA

2 Escucha y copia el dictado en tu cuaderno.

3 Elige un parque nacional de España y redacta el guion de un reportaje radiofónico sobre él. Graba el reportaje y reprodúcelo después en la clase.

4 Elabora un informe sobre los tipos de comercio que hay en tu barrio. Resume los datos en una tabla y añade una conclusión.

5 Transcribe tu informe en un procesador de textos. Incluye alguna fotografía y utiliza las opciones de formato para mejorar su aspecto.

6 Escucha el comienzo de esta novela y anota cuál es su marco narrativo, quién es el narrador, qué personajes aparecen y cómo son sus diálogos. ¿Quiénes crees que serán los protagonistas de la historia?

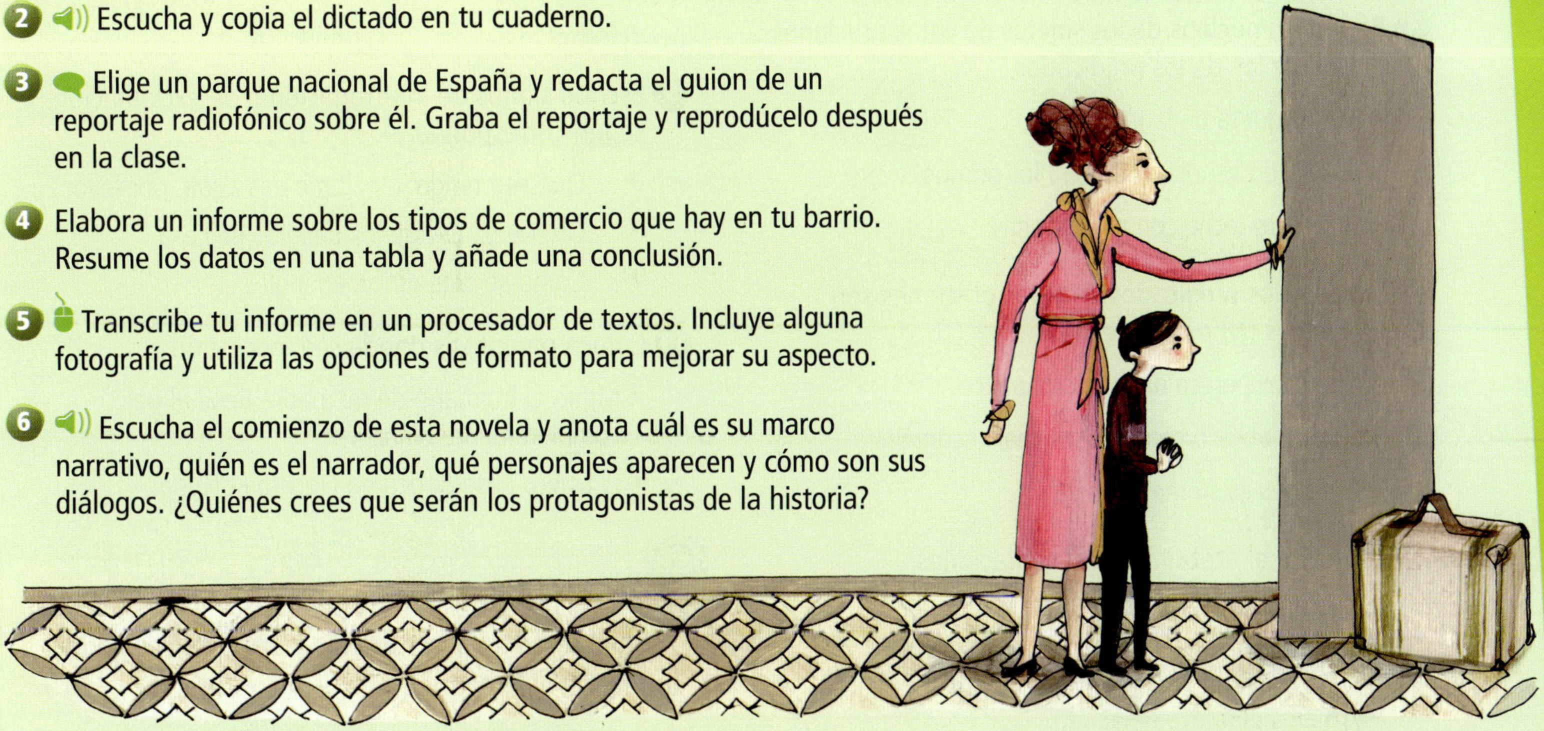

¡ATENCIÓN, PREGUNTAS!

Recuerda hacer las actividades en tu cuaderno o en una hoja aparte.

Me llamo Manolito García Moreno, pero si tú entras a mi barrio y le preguntas al primer tío que pase:

—Oiga, por favor, ¿Manolito García Moreno?

El tío, una de dos, o se encoge de hombros o te suelta:

—Oiga, y a mí qué me cuenta.

Porque por Manolito García Moreno no me conoce ni el Orejones López, que es mi mejor amigo [...].

En Carabanchel, que es mi barrio, por si no te lo había dicho, todo el mundo me conoce por Manolito Gafotas. Todo el mundo que me conoce, claro. [...]

Me pusieron Manolito por el camión de mi padre, y al camión le pusieron Manolito por mi padre, que se llama Manolo. A mi padre le pusieron Manolo por su padre, y así hasta el principio de los tiempos.

Elvira Lindo

1. ¿En qué barrio vive Manolito?

2. ¿A qué se dedica el padre de Manolito?
   - Es camionero.
   - Es óptico.

3. ¿Cómo se llama su abuelo?

4. Rodea los núcleos de los sujetos de estas oraciones y subraya los de los predicados.
   - Mi chaqueta de lana encogió.
   - Él sábado vendrán de visita los primos.
   - Yo quiero leche con magdalenas.

5. Indica si los predicados de estas oraciones son nominales (N) o verbales (V).
   - Manolito parece un chico simpático.
   - Su otro abuelo comparte el cuarto con él.
   - Orejones es su mejor amigo.

6. Identifica el atributo de estas oraciones.
   - Esta sopa es de verduras.
   - El perrito de Dani parece cansado.
   - ¿Tú eres el nuevo delegado?

7. Clasifica en palabras tabú y eufemismos.

enfermo	criado	paciente
parado	empleado de hogar	desempleado

8. Escribe las palabras tabú que se corresponden con estos eufemismos.
   - obeso → .....
   - fallecer → .....

9. Escribe signos de interrogación o de exclamación, según corresponda.
   - .....Qué sed tengo....., ...me das agua, por favor.....
   - .....Oh, no..... Olvidé los deberes en casa.
   - .....Cómo se dice «frío» en inglés.....

10. Coloca paréntesis donde sea necesario.
    - Mi tío el hermano de mi madre tiene el pelo completamente blanco.
    - El Duero desemboca en Oporto Portugal.

¿Crees que los signos de puntuación facilitan la comprensión de los textos o piensas que se podría prescindir de ellos?

11 Comienza la función

Observa estas imágenes y responde.

- ¿Qué lugar es el de la foto de este lugar de abajo?
- ¿Qué crees que están haciendo los niños de la derecha?
- ¿Y los niños de abajo?

- ¿Has visto alguna vez una obra de teatro? Si es así, ¿qué te pareció?
- ¿Crees que hay diferencias entre actuar en un teatro y en una película? Indica cuáles.
- ¿Cuál piensas que es la cualidad más destacada de un actor o una actriz de teatro?

Representar una obra de teatro

1. Escucha cómo ensayan una función teatral estas niñas con su profesora. Anota lo que consideres más importante.

2. Responde a estas preguntas.
   - ¿Qué es lo que tienen que hacer las niñas que interpretan a Margarita y Agustina?
   - ¿Con qué expresión comienza la profesora el ensayo?
   - ¿Cómo se dirige el personaje de Agustina a Margarita en la función?
   - ¿Por qué interrumpe el ensayo la profesora?
   - ¿Cómo crees que es una manera de hablar majestuosa? Pon algún ejemplo.
   - ¿Qué piensas que estaba haciendo el maestro en la función?

3. ¿Consideras que la profesora explicó claramente cómo había que dramatizar el texto del personaje de Margarita? Justifica tu respuesta.

4. ¿Cómo crees que se sentían las niñas después de ensayar esta escena?

Para **representar una obra de teatro,** hay que leer con atención el texto, imitar el tono de voz de los personajes cuando hablan y transmitir con gestos y entonación adecuados lo que ocurre en la historia.

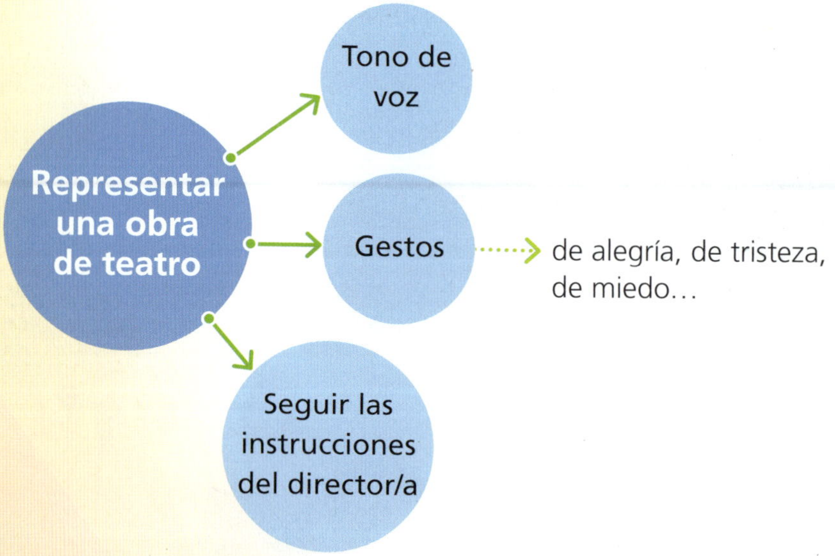

5. Buscad información sobre el cuadro *La adoración de los Magos,* de Velázquez, y escribid, por parejas, una escena inspirada en él. Memorizad el texto y representadla delante de vuestros compañeros.

6. En grupo, realizad una evaluación justificada y respetuosa de la obra representada de la actividad anterior.

Esta es la historia de una niña y de un cuadro famoso en el que aparece.

La princesa del alcázar

¿Qué hacen las personas para verse más hermosas?

Había una vez una princesa que se llamaba Margarita. Vivía en un enorme castillo, una especie de fortaleza a la que todos llamaban el alcázar de los Austrias. Ese palacio se encontraba en una ciudad muy importante en su época que se llamaba Madrid.

Margarita era una preciosa niña de cabellos rubios y ojos serenos a la que su padre, el rey, adoraba y colmaba de caprichos. Vestía las mejores ropas, disfrutaba de las más hermosas muñecas y tenía a su disposición varias sirvientas, damas de compañía y enanas, dispuestas a satisfacer sus deseos.

Sin embargo, lo que más deseaba Margarita era lo que no podía hacer: salir de palacio y caminar por las calles de Madrid. Ella solo podía imaginar lo que existía fuera de los muros de su cárcel. Dentro solo tenía un consuelo, una confidente. Era Agustina, una de sus **meninas**, la hija del conde de Salvatierra, quien le contaba lo que veía fuera de palacio las escasas veces que lograba traspasar sus puertas.

—Esta mañana he salido del alcázar; desde el carruaje he visto las gradas de San Felipe llenas de gente y un grupo de soldados marchando por la calle Mayor —le contó Agustina una tarde de primavera.

—¿Y qué más has visto? ¿Te has cruzado con alguna dama? —preguntó impaciente Margarita. En esos momentos, Agustina se convertía en sus ojos.

—Sí. He visto a la hija del duque de Arcos y he hablado con ella antes de entrar a la misa en San Jerónimo el Real. Es una muchacha bellísima, con una piel pálida casi transparente.

—¿Cómo iba vestida? —La curiosidad de Margarita no tenía límites.

menina: dama noble que desde muy joven entraba a servir a la reina o a una de sus hijas.

—Llevaba unos **chapines** altísimos, un vestido blanco con corpiño abotonado y unas mangas bordadas con detalles en negro. Sobre el escote, un ramillete de flores rosas con hojas verdes que más que de tela parecían naturales. Y, lo más delicado, lucía ese mismo adorno floral en la cabeza, recogiendo a un lado su largo cabello rubio.

—¡Ay! —suspiró la princesa—. ¡Cómo me gustaría parecerme a ella y tener un vestido así!

—Lo del vestido es fácil —aseguró Agustina—. No tiene más que pedírselo a su majestad el rey.

—¿Y esa piel tan blanca? ¿Cómo la consigue? ¿Usa algún tipo de **afeite**? —preguntó Margarita.

—Esa joven no se echa nada en la cara. Dicen que tiene otro secreto... —susurró Agustina, misteriosa—. La hija del duque come barro para tener ese color blanquísimo en la cara. No es la única. Muchas damas nobles de Madrid lo hacen. Es la moda. Si lo comes, la piel se vuelve muy blanca, como si jamás hubiese visto el sol.

—¿Y cómo puedo conseguir ese barro? ¿Tú podrías traérmelo a palacio? —le rogó la princesa.

—Será difícil, pero lo intentaré. ¿Está segura de que desea probarlo?

—Tengo mucha curiosidad y tú eres la única persona en la que confío.

Las palabras de la princesa enternecieron a Agustina, que se sintió orgullosa de ser la dama de confianza de la hija del rey más poderoso del planeta.

Ese mismo día, Margarita solicitó a su madre, la reina Mariana, que le confeccionasen un vestido blanco con un adorno igual que el de la hija del duque. Enseguida las costureras de palacio se pusieron manos a la obra y bordaron durante semanas.

La princesa saltaba de alegría cuando lo vio acabado.

—¿Puedo ponérmelo ya? —le pidió a su madre.

—Sí, estará bien que lo lleves esta tarde al estudio, posarás con él para don Diego.

Don Diego Velázquez era el pintor de la corte y comenzaba a pintar un cuadro en el que ella sería la protagonista principal.

chapín: calzado de mujer, con suela de corcho y forrado de cuero.

afeite: cosmético que se utiliza para embellecer.

A Margarita le pareció una excelente idea lucir el vestido y aparecer con él en el lienzo de Velázquez.

Pidió que le recogieran el cabello hacia un lado con el tocado de flores y, hasta que no se vio resplandeciente, no se dirigió al estudio.

El pintor, al verla aparecer, le hizo una reverencia y sonrió:

—Estáis especialmente bella esta tarde, alteza.

—Gracias, don Diego —dijo ella, satisfecha—. ¿Os gusta este vestido para que pose con él?

—No podríais haber elegido mejor —admitió el pintor.

Enseguida entraron al estudio doña Isabel de Velasco y Maribárbola, la enana, canturreando y haciendo ruido. Y luego llegó el bufón Nicolasillo tirando del mastín. Solo faltaba Agustina, ¿dónde se habría metido? Aún no le había conseguido el barro que le prometió para lucir un cutis blanquísimo.

Mientras el pintor ordenaba a cada uno que ocupase un lugar alrededor de la princesa, apareció Agustina, algo sofocada. Se acercó a Margarita y le habló al oído:

—He conseguido lo que me pidió, alteza. En este **búcaro** rojo está el barro.

La joven se inclinó ante la princesa haciendo una reverencia y dijo, ya en voz alta:

—Seguro que tenéis sed, alteza. Permitidme que os ofrezca un poco de agua en este búcaro.

búcaro: vasija fabricada con un tipo de arcilla de color rojo que se usaba como jarra.

En ese momento entraron los reyes al estudio. Ambos contemplaron orgullosos la escena: su preciosa hija, su única niña, luciendo un vestido nuevo.

Margarita sonrió satisfecha. Imaginó que ese cuadro, en el que ella aparecía resplandeciente, permanecería en el alcázar para siempre y que a lo largo de años, décadas e incluso siglos, millones de personas admirarían su belleza infantil y su palidez angelical. Esa noche soñó que sería inmortal.

¿Sabes tú si se cumplió su sueño?

Rosa Huertas

Comprendo

Personajes

1 Di quiénes eran Margarita y Agustina y explica qué relación había entre ellas.

Análisis del texto

2 Responde a estas preguntas en tu cuaderno.

- ¿Le gustaba a Margarita la vida que llevaba? ¿Por qué?
- ¿En qué quería parecerse la princesa a la hija del duque de Arcos?
- ¿Por qué Agustina le preguntó a Margarita si deseaba agua cuando, en realidad, llevaba barro en el búcaro?
- ¿Era importante para la princesa aparecer hermosa en el cuadro que pintó don Diego? ¿Por qué?

3 Observa la ilustración de la página 225 e identifica en ella a Margarita, Agustina, Diego Velázquez, Maribárbola y el mastín.

Estructura

4 Imagina que Agustina no hubiera llegado a tiempo con el búcaro, ¿habría cambiado la historia? ¿Por qué?

Vocabulario

5 Copia esta oración sustituyendo la palabra destacada por un sinónimo.

A Margarita le pareció una excelente idea lucir el vestido y aparecer con él en el **lienzo** de Velázquez.

6 Lee la siguiente oración y fíjate en la palabra destacada. Después, di si aparece utilizada en sentido literal o figurado y explica por qué.

La princesa Margarita solo podía imaginar lo que existía fuera de los muros de su **cárcel**.

Habilidad lectora

Al expresar una opinión sobre una obra literaria, es necesario dar argumentos para apoyarla.

7 Reflexiona sobre estos aspectos del relato y expresa tu opinión con relación a él.

- El tema que trata.
- El tono del relato.
- La historia narrada.
- Los personajes.

Pienso

8 ¿Se consideraba un rasgo de belleza tener una piel muy blanca en la época de la princesa Margarita? ¿Sucede igual ahora? ¿Por qué?

9 Piensa qué es más importante: el aspecto físico de una persona o su forma de ser. Dialoga de ello con tu compañero y comprobad si estáis de acuerdo.

1 Lee este artículo.

Las Noticias 10 de noviembre

Las novedades del diccionario

Macarena Domínguez

La reciente publicación de la 23.ª edición del *Diccionario de la lengua española* de la Real Academia Española (RAE) presenta importantes novedades. Son miles las palabras que se han añadido, modificado o suprimido en la presente edición: *audioguía, backstage, tuit, dalind, tableta, chupi, hacker...* Analizaré algunas de ellas.

Entre las nuevas palabras que han llegado al diccionario se encuentra el término *backstage,* que significa «espacio situado detrás de un escenario o de una pasarela donde se preparan quienes intervienen en un espectáculo o un desfile de moda». Otras palabras han pasado a incorporar nuevas acepciones, como *tableta* («dispositivo electrónico portátil con pantalla táctil y con múltiples prestaciones»), o han sido suprimidas, por caer en desuso, como el adverbio *dalind* («de allá»).

En mi opinión, estos cambios reflejan la extraordinaria vitalidad del español, tanto en España como en América. En los casi 300 años que la RAE lleva publicando el diccionario, esta obra ha sabido registrar, aunque a veces con polémica, la evolución de una lengua que hoy compartimos más de 400 millones de personas en el mundo.

2 Responde a estas preguntas.

- ¿Con qué campo semántico está relacionada la mayoría de las palabras del diccionario mencionadas en el artículo?
- ¿Cuántas personas hablan español en el mundo?
- ¿En qué siglo publicó la RAE su primer diccionario?

3 Fíjate en la palabra destacada de esta oración y di a qué complementa: al núcleo del sujeto o al del predicado.

N N

El diccionario presenta **novedades**.

Sujeto Predicado

4 Busca en el texto ejemplos de palabras de estos tipos.

- Palabra utilizada en español que proviene del inglés.
- Palabra que se utiliza con un significado nuevo.
- Palabra cuyo uso resulta anticuado.

5 Escribe qué signo de puntuación utilizado en el texto presenta cada uno de estos usos.

- Anunciar una enumeración.
- Finalizar una enumeración incompleta.

6 Escucha estas palabras, cópialas y búscalas en el diccionario. Después, ordénalas alfabéticamente.

El predicado II. Los complementos

En una oración, el verbo, que funciona como núcleo del predicado, puede aparecer acompañado por complementos que den información sobre la acción.

N — Comp — Comp

Pablo envía un mensaje con su tableta.

Sujeto — Predicado

El complemento directo

El **complemento directo** (CD) indica el ser o la cosa a que el verbo se refiere.

CD

Celia pintó su bicicleta.

Sujeto — Predicado

Pueden cumplir la función de complemento directo un nombre *(Traje* ***agua****)*, un pronombre *(David* ***me*** *visitó)* o un grupo nominal *(Mi padre lavó* ***los platos****)*. Para saber si un nombre o un grupo nominal funciona como complemento directo, hay que sustituirlo por el pronombre *lo, la, los* o *las*. Por ejemplo: *El alcalde entregó* ***el premio*** → *El alcalde* ***lo*** *entregó.*

En general, el complemento directo lleva delante la preposición *a* si nombra a una persona o animal. Por ejemplo: *Claudia saludó* ***a su tía***.

Los **verbos transitivos** son aquellos que necesitan un complemento directo para completar su significado *(ordenar* → *Yo* ***ordenaré*** *el salón)*. Aquellos que no lo necesitan son **verbos intransitivos** *(vivir* → *Carlos* ***vivió*** *en Ámsterdam)*.

El complemento indirecto

El **complemento indirecto** (CI) expresa el destinatario de la acción del verbo. Suele ir precedido de la preposición *a*.

CI

El cartero entregó la carta a Adrián.

Sujeto — Predicado

Pueden funcionar como complemento indirecto un nombre *(Regalé el libro* ***a Mikel****)*, un pronombre *(Paula* ***me*** *lo recomendó)* o un grupo nominal *(El entrenador entregó los dorsales* ***a los jugadores****)*.

Para saber si un nombre o un grupo nominal funciona como complemento indirecto, hay que sustituirlo por el pronombre *le* o *les*. Por ejemplo: *La doctora dio la receta* ***al paciente*** → *La doctora* ***le*** *dio la receta.*

El complemento circunstancial

El **complemento circunstancial** (CC) expresa la circunstancia o situación en la que se produce la acción del verbo.

CC

La lancha atracó en el puerto.

Sujeto — Predicado

Según la circunstancia que indica, el complemento circunstancial puede ser:

- De tiempo: *Marc llegó* ***ayer***.
- De lugar: *Siéntate* ***allí***.
- De modo: *Habla* ***bajo****, por favor.*
- De compañía: *Me quedaré* ***con Luis***.
- De finalidad: *Estudió mucho* ***para aprobar***.
- De instrumento: *Rocío podó las hojas* ***con unas tijeras***.
- De cantidad: *Comí* ***demasiado***.

Pueden cumplir la función de complemento circunstancial un adverbio *(Saldremos* ***pronto****)* o un grupo nominal precedido en la mayoría de los casos por una preposición *(Saldremos* ***de tarde****)*.

1 Copia estas oraciones, subraya el predicado y rodea la palabra o palabras que funcionen como complemento directo.

- La frutera coloca las manzanas.
- El niño acaricia a su perro.
- Cristina vio una película ayer.

2 Juega con tu compañero a decir un objeto y un verbo relacionado con él. De forma alterna, uno dirá el objeto y el otro el verbo correspondiente, indicando si es transitivo o intransitivo. Por ejemplo: **cama → dormir → intransitivo**.

3 De cada par, copia la oración que incluya un complemento indirecto en el predicado y subráyalo.

- Luis fregó los platos.
  Luis echó detergente a la esponja.
- Ella nos dio un abrazo al llegar.
  Ella saludó al llegar.

4 Rodea en las siguientes oraciones los complementos circunstanciales y escribe de qué tipo es cada uno.

- Los abuelos de Álvaro viven en Guadalajara.
- Rodrigo cortó el pan con un cuchillo.
- Anoche dormí poco.

5 Completa en tu cuaderno el siguiente texto con estos complementos. Después, indica de qué tipo son.

al pintor en 1656 *Las meninas*

Diego Velázquez pintó ..... . Está considerada la obra maestra del pintor y una de las más importantes de la historia de la pintura. El cuadro fue creado durante el penúltimo año de vida del rey Felipe IV, ... El monarca realizaba frecuentes visitas ..... para verlo trabajar.

Los extranjerismos, los neologismos y los arcaísmos

Los **extranjerismos** son palabras utilizadas en nuestra lengua que han sido tomadas de otras. Por ejemplo: *pádel* (del inglés *paddle*).

Los **neologismos** son palabras o acepciones nuevas que designan una realidad que no existía anteriormente. Por ejemplo: *ratón,* en su acepción de «mando que permite realizar acciones en el ordenador».

Los **arcaísmos** son palabras que se utilizaban antiguamente, pero que hoy están en desuso. Por ejemplo: *yantar,* sinónimo de *comer.*

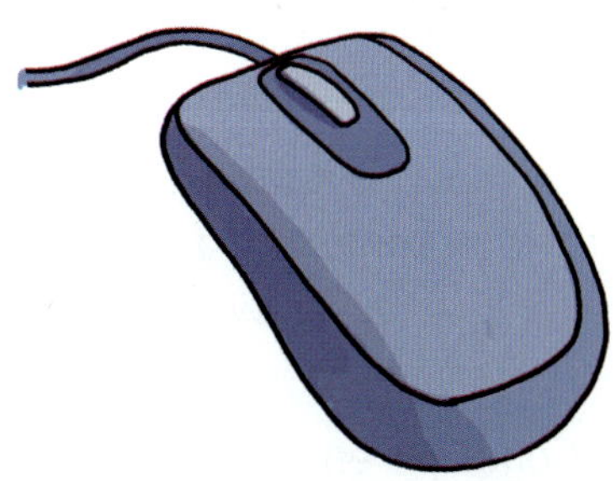

6 Escribe una oración con cada una de las palabras de estas lenguas que sean extranjerismos en castellano.

- Inglés: *airbag, car, island*
- Francés: *lundi, pomme, chaise longue*

7 Define los neologismos **chatear**, **ludoteca** y **emoticono**. Si no conoces alguno, búscalo en el diccionario.

8 Lee este fragmento de *El Quijote* y di qué palabra se utiliza actualmente en lugar del arcaísmo destacado en él.

—Corre, hijo Sancho, y di a aquella señora [...] que yo, el Caballero de los Leones, besa las manos a su gran **fermosura**.

Miguel de Cervantes

Los signos de puntuación III. Los dos puntos y los puntos suspensivos

Se utilizan los **dos puntos (:)**:

- Después del saludo inicial en una carta, postal o nota. Por ejemplo: *Hola, Juan: Ya hemos llegado al pueblo de mis abuelos...*
- Después de anunciar una enumeración. Por ejemplo: *Los animales pueden clasificarse en dos grandes grupos: los vertebrados y los invertebrados.*
- Para introducir las palabras exactas de una persona, después de verbos como *dijo, exclamó...* Por ejemplo: *El profesor nos dijo: «Tenéis una hora para realizar el examen».*

Se utilizan los **puntos suspensivos (...)**:

- Para indicar que una enumeración está incompleta. Por ejemplo: *Son catorce las montañas del planeta que tienen más de 8 000 m de altura: el Everest, el K2, el Kanchenjunga, el Lhotse...*
- Para interrumpir una oración y expresar sorpresa, suspense o duda. Por ejemplo: *Estábamos en la cola del cine cuando vimos a... Rafael Nadal.*

1 Añade en tu cuaderno un saludo al inicio de esta carta.

> Soria, 3 de mayo
>
> .....
>
> ¿Qué tal? Acabo de recibir tu carta y me puso muy contento saber que vendrás a visitarnos estas vacaciones.

2 Completa en tu cuaderno estas oraciones con enumeraciones.

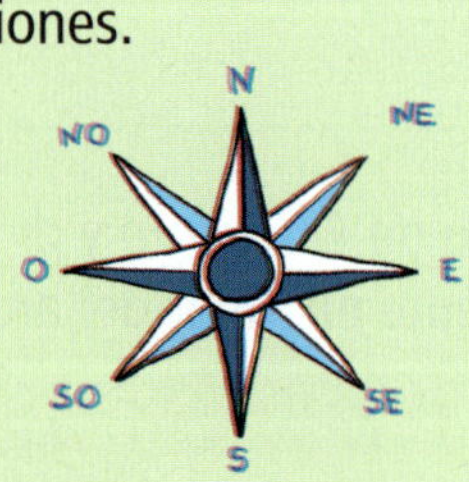

- Son cuatro los puntos cardinales ..... .
- Hoy comí tres frutas distintas ..... .
- Invité a la fiesta a mis mejores amigos ..... .

3 Copia estas oraciones añadiendo los dos puntos donde sea necesario.

- La panadera preguntó «¿A quién atiendo?».
- La guía del museo nos advirtió «No toquéis los cuadros».
- El maquinista avisó por megafonía «La llegada al destino está prevista a las 7:40 h».

4 Finaliza estas oraciones con enumeraciones incompletas.

- En España, además del castellano, se hablan otras lenguas: .....
- Había varias cosas guardadas en el baúl: .....
- Me gustan casi todos los deportes: .....

5 Añade en tu cuaderno a estas oraciones puntos suspensivos para expresar duda o suspense.

- No sé si ir o no ¿Qué me aconsejas?
- Si te contara qué sucedió realmente

¿TE ACUERDAS?

1 Desarrolla en tu cuaderno el mapa mental de la unidad.

REPASA

2 Escucha y copia el dictado en tu cuaderno.

3 Junto con un compañero, escribe una escena de una obra teatral sobre dos personas que deben colaborar para salir de un apuro. Incluye acotaciones con información sobre el decorado, el vestuario, etc.

4 Representad en la clase la escena que habéis escrito.

5 Redacta una carta al director de una publicación en la que le pidas que cree una sección sobre algún tema que te interese.

6 Pregunta a tus amigos y familiares qué género de películas prefieren: de aventuras, de ciencia ficción, románticas, de terror… Crea una tabla con los datos recogidos y utilízala para elaborar un gráfico circular.

¡ATENCIÓN, PREGUNTAS!

Recuerda hacer las actividades en tu cuaderno o en una hoja aparte.

Miguel era un teleadicto total. Desayunaba viendo la televisión. En cuanto volvía del colegio, lo primero que hacía era encenderla y se quedaba hasta altas horas de la madrugada zapeando sin parar.

Y claro, como era lo único que hacía, la única referencia que tenía, se creía todo lo que veía. Como en los dibujos animados, al coyote aunque le caiga una piedra encima sigue viviendo, creía que en la vida real pasaba lo mismo.

Pensaba también que algunos hombres solo tenían medio cuerpo como los del telediario. [...]

Le parecía lógico que alguien volara y consideraba las peleas violentas una gimnasia que a la gente le divertía. Hasta que un día, ¡horror!, se estropeó la tele. La llevaron a arreglar y dijeron que tardarían una semana.

¿Qué iba a hacer Miguel con su tiempo?

Victoria BERMEJO

1 Miguel dedicaba todo su tiempo a…

- leer
- fantasear
- ver la televisión

2 ¿Con qué adjetivo se refiere a él el narrador? ¿Es positivo o negativo?

3 ¿Qué le producía esta afición?

- Un gran conocimiento del mundo.
- Una gran confusión sobre el mundo.

4 Subraya los predicados e indica de qué tipo son los complementos destacados.

- Pepe entregó **a Carmen** su cuaderno.
- He rasgado **la tela** con la uña.
- Mariano **me** debe **cinco euros**.

5 Localiza los complementos circunstanciales y explica de qué tipo es cada uno.

- Hoy me duele mucho la tripa.
- Métete despacio en el agua.
- Pablo traza líneas con la regla.

6 Indica si las siguientes palabras son neologismos o extranjerismos.

selfie videojuego internauta *flash*

7 Rodea las palabras de cada par que sean arcaísmos.

comer - yantar fierro - hierro
agora - ahora pero - empero

8 Copia y coloca dos puntos o puntos suspensivos donde sea necesario.

- Tengo amigos en Toledo, Soria, Lugo
- La dentista dijo «Abra bien la boca».

9 Completa con signos de puntuación.

Querida Verónica.....
Ayer estuve en una feria de juguetes. Los había de todo tipo..... juegos de construcción, de mesa, electrónicos..... El más asombroso era..... ¡un robot volador!

10 Escribe **acto** o **escena**, según corresponda.

- Termina cuando se marcha un personaje.
- Termina cuando se cambia de escenario.

¿Qué haces cuando, al hablar, no recuerdas o no sabes el término que necesitas en ese momento?

12 El tema de mi exposición es...

Observa las imágenes y analiza las situaciones.

- ¿Qué piensas que está ocurriendo en la imagen de abajo?
- ¿Por qué crees que esta mujer de arriba habla con micrófono?
- ¿Qué acaba de hacer este niño?

- ¿Has hecho alguna vez una exposición oral en clase? ¿Sobre qué era?
- ¿Cómo te la preparaste?
- ¿Cómo te sentías antes de hacerla? ¿Y mientras la estabas haciendo?

Realizar una exposición oral

1. Escucha cómo hace Isidro la exposición oral para Lucas, su profesor de Lengua. Anota lo que consideres más importante.

2. Responde a estas preguntas.
   - ¿Cuál es el tema de la exposición?
   - ¿Cómo se llama el creador del personaje? ¿De qué siglo es?
   - ¿Cuáles son las características principales del personaje?
   - ¿En cuántas novelas aparece? ¿Y en cuántos relatos?
   - ¿Cómo se llama su compañero?, ¿cuál era su profesión?

3. ¿Crees que Isidro ha preparado un guion de su exposición? ¿Por qué?

4. ¿Piensas que están bien ordenadas las ideas principales y secundarias de la exposición? Justifica tu respuesta.

Para **realizar una exposición oral,** hay que redactar previamente un guion con el contenido de la exposición. Con objeto de evitar el miedo escénico, hay que procurar no aprenderse los textos de memoria y reflexionar sobre las ideas que se van a exponer.

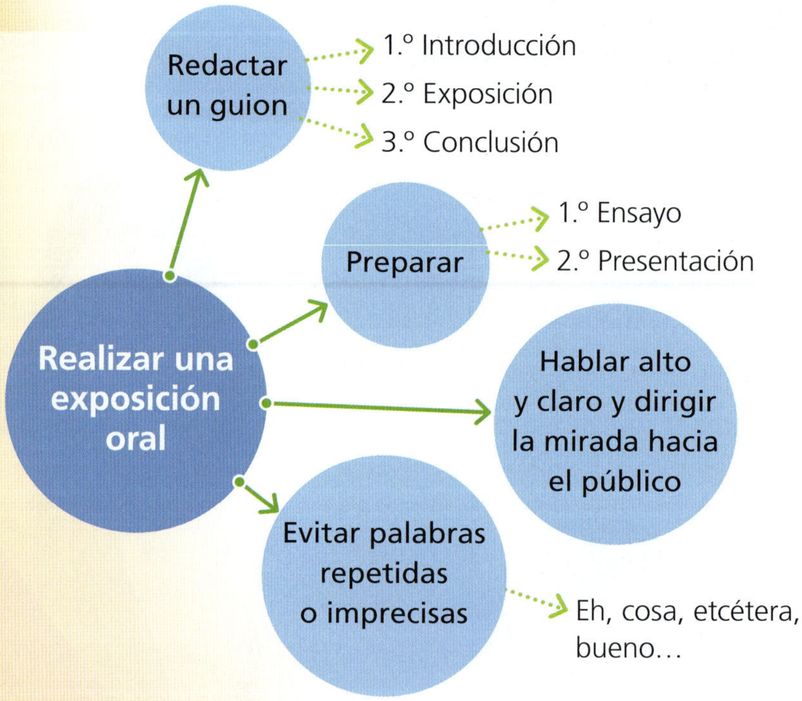

5. Resume el contenido de la audición distinguiendo entre las ideas principales y secundarias. Exponlo delante de la clase.

6. Redacta un guion para realizar una exposición sobre tu personaje de ficción favorito ante tus compañeros, cuidando tu expresión y tus gestos.

Un zapato negro, una pizarra digital, un director desaparecido…, todo un misterio por resolver.

El zapato negro

¿Qué accidentes son comunes en el colegio?

¿Qué pinta un zapato en mitad de la clase?

Esa fue la primera pregunta que me hice aquella mañana, nada más verlo allí, tirado en el suelo del aula, con los cordones desatados…

Como soy un profesional, saqué de mi mochila un par de guantes de plástico —de esos de coger la fruta en el supermercado— para no contaminar la prueba con mis huellas dactilares. Y, después, lo estudié detenidamente durante un buen rato: era un zapato negro, de piel, fabricado en España, con una marca de color azul en la puntera… y muy grande. Grandísimo. ¡Nada menos que del número 46!

No sé si a vosotros os pasa, pero yo, cuando veo algo raro, o extraño, o **insólito**, no paro de hacerme preguntas: ¿de quién sería ese zapato?, ¿y qué hacía allí, en clase?, ¿y por qué estaba solo, sin su pareja? Porque no hay nada más triste que ver un zapato viudo…

Hasta el momento, solo tenía una pista para la primera pregunta. El zapato, a la fuerza, era de un hombre alto y con los pies muy grandes.

En cuanto a la segunda y a la tercera, no tenía ni idea.

¡Y fue por eso por lo que me puse a investigar!

Primero interrogué a Lucas, nuestro profesor:

—Lucas, esta mañana… ¿el aula estaba cerrada?

—No, estaba abierta. Me ha llamado la atención. Tal vez ayer se le olvidó cerrar a Yolanda.

—¿Y has notado algo raro?

—No. Aunque… enseguida fui a abrir las ventanas para que se ventilara un poco, porque había un olor raro… No sabría decirte, un olor **pútrido**, como a…

insólito: que ocurre rara vez.

pútrido: podrido.

—¿Como a queso de cabra estropeado?

—No… A queso no. Era otro olor…

Y así se quedó Lucas, mirando al techo y pensando en aquel extraño aroma que no lograba identificar.

En el recreo, antes de comerme el bocadillo, interrogué a Yolanda, la conserje:

—¿A qué hora se cierran las puertas de las aulas, Yolanda?

—Por la tarde. Después de limpiar.

—Y, ayer… ¿cerraste la nuestra?

—Por supuesto. Todos los días cierro todas las aulas con mi llave maestra.

—Y después de que tú la cerraras, ¿es posible que alguien entrara?

—No, que yo sepa. Esperábamos al técnico de la pizarra digital, pero llegó la hora de irme, y no había venido…

Levanté un poquito mi sombrero y le di las gracias. ¡Me había sido de gran ayuda!

Sin que nadie me viera me colé en nuestra aula. Encendí el ordenador, y la pizarra… ¿Y sabéis lo que pasó? ¡Que la luz se hizo! ¡Nuestra pizarra digital, como por arte de magia, estaba arreglada!

Después, tranquilamente, me senté en un banco frente al despacho del director, a comerme el bocadillo. Era de chorizo con queso y estaba riquísimo. Pero, como buen detective que soy, mientras tanto, no perdía detalle de las conversaciones:

—¿Lo habéis visto?

—Yo no. ¿Y tú?

—Tampoco. ¿Dónde estará?

—¿Quién?

—¡Quién va a ser! ¡El director! ¡Mira lo tarde que es y aún no ha venido!

—¿Y eso? ¡Si él siempre llega una hora antes! —dijo Lucas—. ¿Sabéis si tenía alguna reunión fuera del centro?

—¿En el Ayuntamiento? No sé… ¿Le habéis llamado al móvil?

—Sí, le hemos llamado, pero su móvil está aquí, sobre la mesa del despacho…

—Y ¿entonces? ¿Qué le habrá pasado?

—¡Pero si su coche está en el aparcamiento! —exclamó Yolanda—. ¡Acabo de verlo!

—¿Creéis que lo han secuestrado?

—¿Secuestrar al director? ¿Con lo grande que es? ¡Pues se necesitaría un regimiento de **forajidos** para poder con él!

Entonces, me puse en pie y grité:

—¡Yo sé dónde está el director!

Y después, para crear expectación, estuve unos segundos en silencio, limpiándome las migajas del bocadillo que me habían caído sobre el pecho.

—¿Dónde está? —preguntaron todos a la vez.

—En el centro de salud. Y a estas horas... si no me equivoco... ya han terminado de ponerle la escayola.

Las caras de Yolanda, de Lucas, de la secretaria y del profe de Educación física eran cuatro poemas en inglés, que aún se entienden menos.

—Pero... ¿¡Pero qué le ha pasado!?

—Pues, resulta... —empecé a contar, metido en mi papel de detective explicando todo desde el final— que, como ayer no vinieron los técnicos de la pizarra digital, han venido esta mañana, muy temprano. Les abrió la puerta el director, y la han arreglado. Pero, cuando se iban, a uno de los técnicos se le ha caído la caja de herramientas... sobre el pie del director. Han salido corriendo. Y me da la impresión de que se le ha roto el dedo...

—¿Y tú cómo sabes eso? —me volvieron a preguntar los cuatro, a un tiempo.

Para contestarles, saqué de mi mochila la prueba y se la mostré a todos.

—Porque encontré esto junto a mi mesa...

—Pero... ¿de dónde has sacado la historia, **lumbrera**? Eso solo es un zapato.

—Bueno, es lo que hacemos los detectives: atar cabos.

Y, justo en aquel momento, como para darme la razón, al fondo del pasillo y caminando con unas muletas, apareció nuestro director.

forajido: delincuente que huye de la justicia.

lumbrera: persona sabia o inteligente.

Roberto Aliaga

Comprendo

Personajes

1 Describe la forma de ser del protagonista del relato.

Análisis del texto

2 Responde a estas preguntas en tu cuaderno.

- ¿Cuál de las características del zapato que el protagonista encontró le llamó la atención? ¿Por qué?
- ¿Qué hizo el protagonista para obtener información y así averiguar qué había sucedido?
- ¿Por qué se descartó que el director hubiera sido secuestrado?

3 Observa la ilustración y explica qué pista le proporcionó al protagonista el objeto que aparece en ella.

Estructura

4 Si el director del colegio no hubiera aparecido finalmente, ¿habrían creído al protagonista los profesores, la secretaria y la conserje? ¿Por qué?

Vocabulario

5 Busca en el diccionario la palabra destacada en la siguiente oración y copia la acepción con la que aparece utilizada.

> Saqué de mi mochila un par de guantes de plástico [...] para no **contaminar** la prueba con mis huellas dactilares.

6 Localiza en el texto la expresión **atar cabos** y señala cuál de estos significados le corresponde.

- Anudar cuerdas.
- Relacionar datos para sacar una conclusión.
- Tejer.
- Saltar a la cuerda.

Habilidad lectora

> En todo texto se presentan varias ideas. Es importante identificarlas y diferenciar las principales de las secundarias.

7 ¿Cuál de estas ideas es importante para comprender el sentido global del texto? Cópiala.

- El director utilizaba zapatos hechos en España.
- Al protagonista le gustan los bocadillos de chorizo con queso.
- El protagonista tenía una habilidad especial para observar y razonar.

Pienso

8 ¿Cómo se hizo daño en el pie el director, según cuenta el protagonista del relato? ¿Cómo podría haberse evitado el accidente que lo provocó? Explícalo.

9 Piensa qué puedes hacer para evitar accidentes u otros problemas de salud este verano, por ejemplo en la playa o en un parque. Después, dialoga sobre ello con tu compañero y haced una lista con los consejos que consideréis más importantes.

1 Lee este diálogo.

—Ahora vamos a hablar de un experimento que ha salvado muchas vidas, aunque pocos lo hayáis visto —dijo el guía del Museo de los Inventos al grupo de visitantes, al tiempo que señalaba una especie de barra metálica expuesta en una vitrina—. ¿Alguno lo reconoce?

—¿Es una antena? —respondió Virginia, aunque no muy segura.

—No, no se trata de una antena. Pero sí tiene en común con ella que se trata de un objeto metálico. Os voy a dar una pista: sirve para atraer los rayos y llevar su carga eléctrica a la tierra, de tal manera que no dañen a las personas o a las construcciones.

—¡Claro! ¡Es un pararrayos! —exclamó Rosa.

—Muy bien —confirmó el guía—. ¿Y sabéis quién lo inventó?

—Pues eso sí que no lo sé —dijo Rosa.

—El pararrayos fue inventado por Benjamin Franklin en 1752 en los Estados Unidos.

Este inventor y político se dedicó a investigar los fenómenos relacionados con la electricidad. Así, un día de tormenta hizo volar una cometa de estructura metálica con un hilo de seda que en su extremo llevaba una llave. Al cargarse la llave eléctricamente, Franklin comprobó que las nubes tenían electricidad.

—¡Era un hacha! —exclamó Óscar.

—Sí, la verdad es que Franklin fue un tenaz inventor. Él solía decir: «La pereza hace que todo sea difícil; el trabajo lo vuelve todo fácil». En otras palabras, como explica el refrán, no hay mejor lotería que el trabajo.

2 Responde a estas preguntas.

- ¿Cómo funciona un pararrayos?
- ¿Qué experimento realizó Benjamin Franklin antes de inventarlo? ¿Qué averiguó con él?

3 Fíjate en el sujeto de esta oración y di si es quien realiza o no la acción del verbo.

<u>El pararrayos</u> fue inventado por Benjamin Franklin en 1752.

4 Explica qué enseñanza transmite el refrán que dice el guía.

5 Copia en tu cuaderno la expresión que se utiliza en el texto con el significado de «ser muy bueno en una actividad».

6 Di qué uso presentan en el texto los siguientes signos ortográficos.

- La raya (–).
- El guion (-).
- Las comillas (« »).

7 Escucha estas palabras, cópialas y búscalas en el diccionario. Después, escribe una oración con cada una.

La oración activa y la oración pasiva

En la mayoría de las oraciones activas, el sujeto es el que realiza la acción del verbo. Sin embargo, en las oraciones pasivas es el sujeto el que recibe la acción del verbo.

La oración activa

En una **oración activa**, el verbo está en **voz activa** y su sujeto se denomina **sujeto agente.**

Benjamin Franklin [Sujeto agente] inventó [V. en voz activa] el pararrayos en 1752. [Predicado: inventó el pararrayos en 1752.]

La oración pasiva

En una **oración pasiva,** el sujeto, llamado **sujeto paciente,** recibe la acción del verbo. El verbo de una oración pasiva está en **voz pasiva.**

El pararrayos [Sujeto paciente] fue inventado [V. en voz pasiva] por Benjamin Franklin en 1752. [Predicado: fue inventado por Benjamin Franklin en 1752.]

La voz pasiva de un verbo se construye con una forma del verbo *ser* y el participio del verbo que expresa la acción. Por ejemplo: *fue lijado, es inaugurada, serán corregidos.*

El predicado de una oración pasiva puede incluir un **complemento agente (CAg)** que exprese quién realiza la acción del verbo. El complemento agente aparece siempre precedido por la preposición *por.*

El Quijote [Sujeto paciente] fue escrito [V. en voz pasiva] por Miguel de Cervantes [CAg]. [Predicado: fue escrito por Miguel de Cervantes.]

Una oración activa con complemento directo se puede transformar en otra pasiva con complemento agente. Para ello, hay que transformar:

1. El complemento directo en sujeto paciente.
2. La voz activa del verbo en voz pasiva.
3. El sujeto agente en complemento agente.

Un técnico [Sujeto agente] reparará [V. en voz activa] la fotocopiadora [CD]. [Predicado: reparará la fotocopiadora.]

La fotocopiadora [Sujeto paciente] será reparada [V. en voz pasiva] por un técnico [CAg]. [Predicado: será reparada por un técnico.]

Recuerda

El participio es una de las formas no personales del verbo. Los participios regulares terminan en ***-ado*** *(plantado)* o ***-ido*** *(crecido, resumido).*

1 Escribe de qué clase es cada oración según el sujeto realice o no la acción del verbo.

- Los pacientes son atendidos por la enfermera.
- Una bandada de gaviotas volaba alrededor del barco.
- La habitación fue pintada por mi tío.

2 Completa en tu cuaderno estas oraciones pasivas con formas en voz pasiva de los verbos entre paréntesis.

- Las gallinas ..... (atacar) anoche por un zorro.
- El ministro ..... (recibir) ahora por el presidente del Gobierno en su despacho.
- La final ..... (jugar) mañana por los dos equipos.

3 Conjuga el verbo **invitar** en la voz pasiva del tiempo pretérito perfecto simple del modo indicativo.

4 Copia estas oraciones pasivas, subraya su predicado y rodea el complemento agente.

- Los montañistas fueron rescatados por los guardias forestales.
- El nuevo aeropuerto será construido por un arquitecto japonés.
- La penicilina fue descubierta por Alexander Fleming en 1928.

5 Añade al predicado de estas oraciones pasivas un complemento agente adecuado.

- La nevera será entregada mañana.
- El árbol es podado todos los años.
- La futbolista fue expulsada.

6 Escribid en grupo un breve texto sobre el cinematógrafo que incluya una oración pasiva y un dato falso. Después, pasadle el texto a otro grupo para que localice la oración pasiva y el dato incorrecto.

7 Copia este texto transformando las oraciones subrayadas en activas o en pasivas, según corresponda.

El escritor estadounidense Edgar Allan Poe escribió los relatos protagonizados por el detective Auguste Dupin. El método de Dupin combina la observación minuciosa, la lógica y la imaginación creativa. El primer relato sobre Dupin (*Los crímenes de la calle Morgue*) fue publicado en 1841 por la revista *Graham´s Magazine*.

Las frases hechas y los refranes

Una **frase hecha** o dicho es una expresión de uso común que presenta una forma fija y que es entendida en un sentido figurado. Por ejemplo: *echar humo,* que se entiende con el significado de «estar muy enfadado».

Un **refrán** es un dicho de origen popular que presenta una enseñanza. Por ejemplo: *El saber no ocupa lugar.*

Recuerda

Las palabras de una frase hecha no se entienden en su **sentido literal,** es decir, en su significado propio o habitual, sino en otro, llamado **sentido figurado.**

8 Averiguad en parejas el significado de estas frases hechas. Después, representad una situación en la que utilicéis una de ellas.

- Ser un lince.
- Meterse en camisa de once varas.

9 Elige una de las frases hechas anteriores y representa mediante un dibujo su sentido literal.

10 Explica qué enseñanza transmiten estos refranes: **dime con quién andas y te diré quién eres**, **la unión hace la fuerza** y **a lo hecho, pecho**.

Los signos de puntuación IV. El guion, la raya y las comillas

El **guion (-)** se utiliza a fin de separar una palabra al final de una línea. Para dividir una palabra, hay que tener en cuenta que:

- Siempre se dividen dos sílabas de la palabra, no dos letras de una misma sílaba. Por ejemplo:

  pla- No ~~*pl-*~~
  ya ~~*aya*~~

- No se deja una vocal sola al principio o al final de la línea. Por ejemplo:

  éba- No ~~*é-*~~ *le-* No ~~*lejí-*~~
  no ~~*bano*~~ *jía* ~~*a*~~

- Los grupos *ch, ll, rr, gu* y *qu* no se separan. Por ejemplo:

  can- No ~~*canc-*~~
  cha ~~*ha*~~

La **raya (—)** es un signo más largo que el guion. En un diálogo escrito en estilo directo se emplea para:

- Introducir la intervención de un personaje. Por ejemplo:

  Ángel preguntó a la taquillera del cine:

  —¿A qué hora es la próxima función de Los detectives del espacio?

- Separar en una intervención las palabras del personaje de la aclaración del narrador. Se pone una raya al principio de las palabras del narrador y otra al final, salvo si termina el párrafo. Por ejemplo:

  —A las 16:45 —respondió la taquillera.

Las **comillas** (« » o " ") se utilizan para reproducir las palabras exactas de una persona (estilo directo). Por ejemplo: *La profesora nos aconsejó: «Aprovechad las vacaciones para leer libros que os gusten»*. El signo de puntuación del enunciado se escribe siempre después de las comillas de cierre.

Amplía

También se utiliza el guion para unir los elementos que forman un adjetivo compuesto cuando estos implican una cierta oposición: *teórico-práctico, físico-químico.*

Amplía

Si la intervención del personaje continúa tras las palabras del narrador, el signo de puntuación que corresponda al enunciado interrumpido se escribe tras la raya de cierre: *—Muy bien —le dijo Ángel—. Deme dos entradas, por favor.*

1 Divide estas palabras de todas la maneras posibles que pueda hacerse al final de un renglón: **semillas**, **ábaco** y **desvío**.

2 Copia y completa este diálogo con los signos que faltan.

El médico le preguntó al niño:
....¿Qué te duele?
....El tobillo, doctor ....respondió él....
—Lo examinaré —añadió él.... . Quizá te hayas hecho un esguince....

3 Observa esta viñeta y finaliza en tu cuaderno el siguiente enunciado con la cita de Nelson Mandela.

En una ocasión, Nelson Mandela dijo: .....

Pon en práctica

1 Copia y completa estos textos con las pistas proporcionadas.

> En esta casa vivió JOSEPH MEISTER (1876-1940).
> A los nueve años fue mordido ..... con rabia. Para intentar sal..... varlo, el químico Louis Pasteur (1822-1895) le ..... una vacuna que estaba ensayando. Fue la primera persona en curarse de esta enfermedad.

- Verbo en voz activa: *aplicó / fue aplicado.*
- Complemento que sea agente: *por un perro / por la mañana.*
- Signo ortográfico.
- Frase hecha que significa «de manera afortunada»: *por fortuna / por los pelos.*

2 Escribe una oración activa y otra pasiva sobre la invención que muestra la ilustración.

3 Completa en tu cuaderno el significado de estas frases hechas.

- Poner los puntos sobre las íes: dejar las cosas ..... en un asunto determinado.
- No dar el brazo a torcer: ..... en una opinión o decisión.
- Estar en las nubes: estar ....., como ausente.

4 Inventa y escribe en tu cuaderno un diálogo en estilo directo entre dos astronautas. Recuerda utilizar la raya y el guion si fuera necesario.

5 Completa en tu cuaderno. No olvides utilizar las comillas si fuera preciso.

> Todas las mañanas, al entrar en clase, nuestra profesora dice: .....

6 Jugad en parejas a inventaros refranes a partir de estos otros. Los nuevos refranes deben transmitir la misma enseñanza. Fíjate en este ejemplo:

- *De tal palo tal astilla.*
  → *De tal pared tal ladrillo.*
- Más vale maña que fuerza.
- En abril, aguas mil.
- En casa de herrero, cuchillo de palo.

7 Escucha y copia el dictado en tu cuaderno. Después, intercámbialo con el de un compañero para corregirlo.

Análisis

El cuadro *La familia de Carlos IV* fue pintado por Francisco de Goya.

- Sujeto paciente: El cuadro *La familia de Carlos IV* (N: cuadro)
- P: fue pintado por Francisco de Goya (N (V. en voz pas.): fue pintado; CAg: por Francisco de Goya)

8 Analiza sintácticamente en tu cuaderno esta oración.

- El ordenador fue reparado ayer por un informático.

Las instrucciones de uso de un aparato

Las **instrucciones de uso de un aparato** son una serie de reglas de carácter informativo dirigidas a hacer un empleo correcto de él. Nos informan de los pasos que hay que seguir y pueden incluir consejos o advertencias sobre cómo utilizarlo de manera adecuada y segura. Su lenguaje debe ser claro y preciso.

1. ¿Has adquirido algún aparato últimamente? ¿Qué instrucciones traía?

2. Lee con atención el siguiente fragmento de un manual de instrucciones.

Manual de instrucciones de uso de la tableta XZPlus

La cámara de la tableta XZPlus permite realizar fotografías y vídeos.

Realizar una fotografía

1. En la pantalla de inicio, pulse el botón de la aplicación Cámara para encender la cámara.
2. Coloque la tableta en la posición que desee (horizontal o vertical) para realizar la fotografía.
3. Apunte la lente hacia el objetivo.
4. Pulse el botón Ajuste para elegir los ajustes que empleará la cámara. La cámara dispone de cuatro ajustes distintos: retrato, paisaje, escena nocturna y escena en movimiento. También puede pulsar el botón Flash para activar el *flash* de la tableta.
5. Pulse el botón para hacer la fotografía. Esta se guardará automáticamente en la memoria de la tableta.

Advertencia

Tenga cuidado de no rayar accidentalmente la lente de la cámara.

Analizo

Seguir las instrucciones es importante para dar un buen uso al aparato y fundamental para aprovechar todas sus funciones.

3. Reflexiona acerca del texto.
   - ¿Para qué crees que se utiliza la imagen?
   - ¿Cómo se organizan las instrucciones?
   - ¿Cuántas partes tiene?
   - ¿Qué función tiene la advertencia?

4. Vuelve a leer el texto y responde.
   - ¿De qué aparato se trata?
   - ¿Qué explicación aparece?
   - ¿A quién le puede interesar?
   - ¿Qué advertencia realiza?

Escribe las instrucciones de un aparato de uso habitual.

Planifico

5 En primer lugar, ordena tus ideas en un guion.

- Elige un aparato del que conozcas su manejo.
- Piensa en su utilidad y, si las tuviera, en sus diferentes funciones.
- ¿Qué funciones voy a explicar? ¿En cuántos pasos? ¿Con qué información?
- ¿Qué advertencias o consejos serán necesarios?
- ¿Qué imagen o imágenes voy a necesitar para la explicación?

Puedes tomar como modelo este mapa mental y completarlo.

Redacto

6 Elabora un borrador con los datos de tu guion.

7 Redacta las instrucciones del aparato teniendo en cuenta la planificación que has hecho. No olvides cuidar la ortografía y la presentación.

Mejora tu redacción

Las advertencias o consejos son explicaciones necesarias con vistas al buen funcionamiento y la seguridad. Para conseguir escribirlas con claridad, debes elegir una forma verbal de las siguientes:

- Utilizar verbos en infinitivo: ***Evitar*** *exponer el aparato a altas temperaturas.*
- Usar el modo imperativo en la segunda persona *(usted): Por favor,* ***no toque*** *el aparato con las manos mojadas.*
- Escribir las instrucciones de manera impersonal con *se:* ***se debe, se aconseja…***
- Mantener la forma verbal elegida en todas las instrucciones.

Reviso

8 Relee tu texto y valora en tu cuaderno estos puntos para evaluar tu progreso.

9 Intercambia tu texto con un compañero y valora su trabajo.

Caligrafía	¿Se entiende la letra?
Ortografía	¿Hay faltas? Corrígelas.
Estructura y redacción	¿Has escrito las instrucciones relacionándolas con la imagen y con los términos adecuados?
	¿Has mantenido la misma forma verbal en todas las instrucciones? ¿Has utilizado verbos en infinitivo, en imperativo o en forma impersonal con *se?*
Presentación	¿Has organizado las instrucciones con claridad? ¿Has utilizado las imágenes adecuadas?

El teatro II. La comedia y la tragedia

Las obras teatrales pertenecen al género dramático y son obras destinadas a ser representadas ante el público en un teatro. Su historia se desarrolla mediante la acción y los diálogos entre personajes. Los dos más importantes son la comedia y la tragedia.

La **comedia** se caracteriza por plantear conflictos de la vida cotidiana. Estos son tratados de manera divertida y aparecen protagonizados por personajes comunes que muestran cómo son realmente. El final de una comedia es feliz. Los autores de comedias más conocidos son Aristófanes, William Shakespeare, Molière y, en castellano, Lope de Vega, Tirso de Molina y Miguel Mihura, entre otros.

La **tragedia** es una obra teatral en la que la acción está dominada por el destino o la suerte, que conducen a un final desgraciado. Sus personajes sienten fuertes pasiones, como la del amor imposible, la venganza o los celos. Estas pasiones les hacen sufrir e incluso provocan su muerte. Los orígenes de la tragedia se sitúan en la Grecia clásica. En aquella época, los autores de tragedias más importantes fueron Esquilo, Sófocles y Eurípides. Posteriormente fue desarrollada por escritores como Lope de Vega, Calderón de la Barca o William Shakespeare, entre otros.

1 Lee con atención este fragmento de una obra teatral.

DIONISIO.— Pero, ¿qué veo, don Rosario? ¿Un teléfono?

DON ROSARIO.— Sí, señor. Un teléfono.

DIONISIO.— Pero, ¿un teléfono de esos por los que se puede llamar a los bomberos?

DON ROSARIO.— Sí, señor. Y a los de las **Pompas Fúnebres**...

DIONISIO.— ¡Pero esto es tirar la casa por la ventana, don Rosario! *(Mientras* DIONISIO *habla,* DON ROSARIO *saca de la maleta un chaqué, un pantalón y unas botas y los coloca dentro del armario).* Hace siete años que vengo a este hotel y cada año encuentro una nueva mejora. Primero quitó usted las moscas de la cocina y se las llevó al comedor. Después las quitó usted del comedor y se las llevó a la sala. Y el otro día las sacó usted de la sala y se las llevó de paseo, al campo, en donde, por fin, las pudo usted dar esquinazo... ¡Fue magnífico! Luego puso usted la calefacción... Después suprimió usted aquella carne de membrillo que hacía su hija... Ahora el teléfono... De una fonda de segundo orden ha hecho usted un hotel confortable... Y los precios siguen siendo económicos... ¡Esto supone la ruina, don Rosario...!

DON ROSARIO.— Ya me conoce usted, don Dionisio. No lo puedo remediar. Soy así. Todo me parece poco para mis huéspedes de mi alma...

Miguel MIHURA

pompas fúnebres: ceremonias en honor de una persona fallecida.

Miguel Mihura (1905-1977) fue un importante autor teatral español. Su obra se caracterizó por el humor y por la crítica a las costumbres de la época. También participó en distintas películas que llevaron sus obras al cine.

2 Responde a las preguntas sobre el texto.

- ¿Qué personajes intervienen en la escena?
- ¿Dónde se encuentran? ¿De qué trata el diálogo?
- ¿Crees que el texto es una comedia o una tragedia? ¿Por qué?

3 Ensaya la tercera intervención de Dionisio y represéntala, utilizando los recursos de la voz, gestos y movimientos.

4 Lee el siguiente fragmento de obra teatral y explica las diferencias con el texto de la actividad 1.

PABLO.— *(Se tumba con debilidad).* No puedo más, mi aventura ha terminado. Coge lo que necesites y continúa para salvarte tú.

MIKEL.— *(Se arrodilla junto a su compañero).* Debes ser fuerte. Pronto nos echarán de menos y vendrán a buscarnos.

PABLO.— Sabes que ya es demasiado tarde para mí. Sin fuerzas y con este frío en poco tiempo estaré...

MIKEL.— *(Interrumpiendo).* ¡No sigas! Ni se te ocurra pensarlo. Saldrás de esta.

PABLO.— Cuando esto acabe, recuerda que nadie me obligó a emprender esta expedición. Antes de comenzar sabía lo peligrosas que son estas montañas. Yo soy el único responsable. Has hecho todo lo posible. Te lo agradezco, pero debes continuar.

MIKEL.— *(Con voz quebrada a punto de llorar).* No puedes rendirte, subimos juntos y bajaremos juntos.

5 Responde a las preguntas sobre el texto.

- ¿Qué sucede en esta escena? ¿Por qué crees que han llegado a esta situación?
- ¿Para qué sirven los paréntesis? ¿Cómo se llama este elemento del texto teatral?
- ¿Te parece que el texto es una comedia o una tragedia? ¿Por qué?

6 Comenta con tus compañeros las actitudes que tienen los personajes del texto de la actividad 4 y cómo crees que se sienten.

7 Escribe una escena de una comedia siguiendo estos pasos.

- Piensa en los personajes que vas a utilizar y elige una situación cómica y alocada.
- Elabora un borrador explicando cómo será el escenario y el vestuario. Añade diálogos divertidos acordes con la situación que has pensado y acotaciones donde sea necesario.
- Escribe tu escena con buena ortografía y presentación.
- Revisa el texto que has escrito.

8 En pequeños grupos representad las escenas cambiando de protagonista en cada una.

La presentación oral

Una **presentación oral** es la explicación detallada de los aspectos más importantes de un tema ante un auditorio.

Antes de presentar un tema oralmente, es necesaria una preparación. Los pasos para elaborar la presentación son los siguientes:

- Busca información en diferentes fuentes: prensa, libros de consulta, enciclopedias e Internet.
- Compara la información, selecciona los aspectos más importantes y organízalos en un guion.
- Añade recursos para conseguir claridad en las explicaciones y, al mismo tiempo, mantener la atención del público.
- Ensaya la presentación, poniendo especial cuidado en la postura, la vocalización y el tono adecuado de la voz.

Entre los recursos que se pueden añadir a tu presentación están las imágenes, los archivos de audio o de vídeo, las tablas, los gráficos, los esquemas, los mapas conceptuales... Existen aplicaciones informáticas, como los **procesadores de textos** o los **programas de presentaciones digitales**, que te permiten insertar estos recursos.

Una **presentación digital** se compone de diapositivas que se pueden proyectar en una pantalla. Es posible añadir animaciones, que sirven para que la explicación resulte más visual y amena.

Aplica

1. Busca, compara y selecciona información para la realización de una presentación oral sobre un monumento representativo de un país.
2. Prepara una presentación digital que sirva como recurso para tu presentación oral. Debe incluir, entre otros elementos, imágenes del monumento y una tabla con sus datos como esta.

Fecha de creación	.....
Autor	.....
Tamaño	.....
Peso	.....

3. Ensaya y presenta tu trabajo.

¿TE ACUERDAS?

1 Desarrolla en tu cuaderno el mapa mental de la unidad.

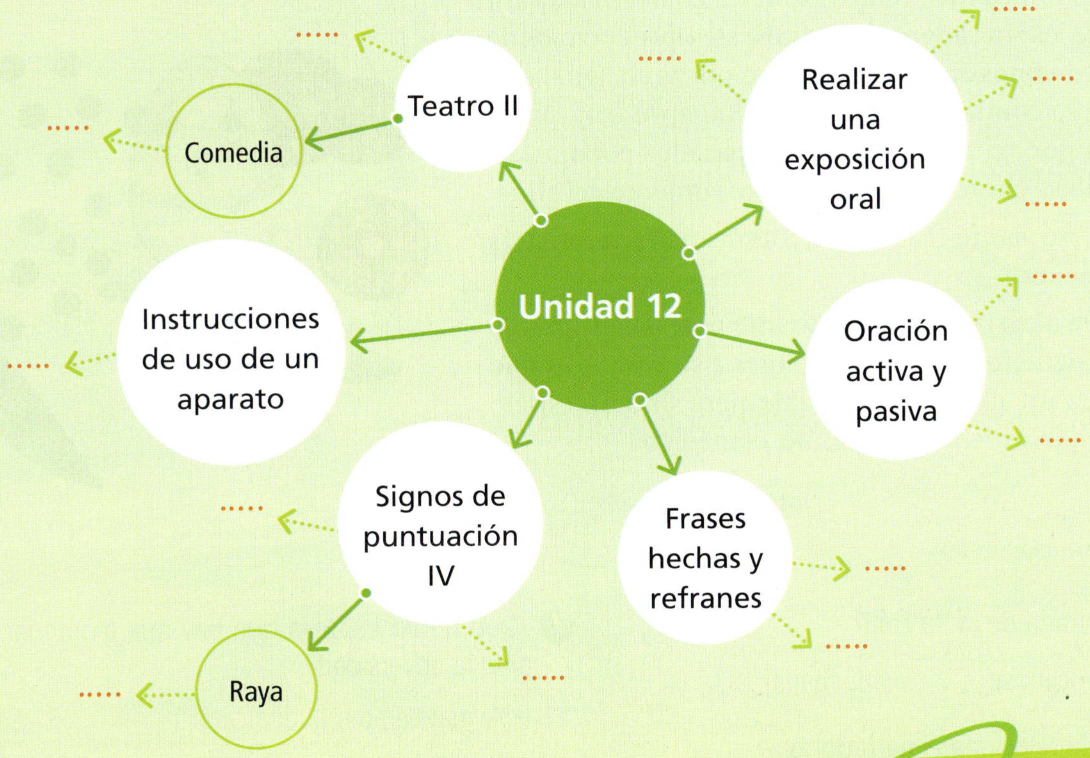

REPASA

2 Escucha y copia el dictado en tu cuaderno.

3 Recopila la información necesaria para realizar una exposición oral sobre Lope de Vega que incluya imágenes y algún archivo de vídeo o audio.

4 Expón ante la clase la presentación que has preparado.

5 Escribe las instrucciones de uso de un aparato de tu cocina. Si tienes dudas, consúltaselas a la persona que lo maneja.

6 Lee este texto. ¿Corresponde a una tragedia o a una comedia? ¿Por qué lo sabes?

> *(Llega por la izquierda* JERJES, *destrozado [...]).*
>
> JERJES.— [...] ¡Ay de mí, qué destino, qué imprevisto destino me ha tocado! ¡Con qué crueldad la fortuna se ceba con Persia!
>
> ESQUILO

¡ATENCIÓN, PREGUNTAS!

Recuerda hacer las actividades en tu cuaderno o en una hoja aparte.

Lo de mi tía Lola nunca tuvo remedio. Mi tía Lola tenía la cara triste y pálida de los sin sangre y te miraba siempre con ojos de perro viejo. Sí, con unos ojos como pasados por agua, igual que los huevos que se comía por las noches. Siempre con que si huevos pasados por agua y venga huevos pasados por agua. Y claro, así cómo iba a curarse la tía aquel aburrimiento del alma.

—¡Ni uno más! —se plantó el abuelo—. ¡Desde mañana tomarás huevos a la flamenca!

Pero qué va, ni la alegría verde del guisante ni el picantito rojo del chorizo consiguieron sacarle los colores a su cara. Y es que el de la tía no era un aburrimiento cualquiera sino un estado del alma, como había dicho don Higinio, el médico.

José Antonio Ramírez Lozano

1. ¿Cómo era la mirada de la tía Lola?
   - vivaz
   - curiosa
   - apagada
2. ¿Con qué comida relaciona el narrador el sentimiento que embarga a su tía?
   - Con los huevos pasados por agua.
   - Con los huevos a la flamenca.
3. ¿Qué idea es más importante para la comprensión del texto?
   - Los huevos a la flamenca son alegres porque llevan chorizo picante.
   - La tía Lola estaba sumida en una profunda apatía.
4. Conjuga el verbo **felicitar** en la voz pasiva del futuro de indicativo.
5. Indica si estas oraciones son activas o pasivas. Después, transforma la oración activa en pasiva, y viceversa.
   - Sonsoles fue elogiada por el juez.
   - El jardinero ha recortado los setos.
6. ¿Qué significa **jugar limpio**?
   - Lavarse antes de jugar a algo.
   - Ser honesto en cualquier actividad.
7. ¿Qué refrán expresa que hay que mantener el ánimo ante la adversidad?
   - Al mal tiempo, buena cara.
   - Haz bien y no mires a quién.
8. Identifica las particiones incorrectas y corrígelas.

o-	brill-	he-	gu-
ferta	ar	rrero	iñol

9. Añade a este diálogo las rayas y puntos que le faltan.

   .....¿Qué libro es ese? .....preguntó Mercedes.....
   .....Es un relato sobre un chico que ha perdido la memoria .....respondió Fabio..... ..... Es muy interesante.....

10. Completa con los signos necesarios.

   Nicolás cogió su mochila y sus llaves y le dijo a su madre: .....¡Hasta luego! Me voy a la biblioteca..... .....

¿Cuál crees que es el mejor modo de aprender a manejar un aparato o una aplicación informática que son nuevos para ti?

Tercera etapa: Un cambio permanente

El viaje que Charles Darwin realizó a bordo del *Beagle* le aportó valiosa información para elaborar su teoría sobre la evolución de las especies. Ahora conocerás en qué consiste esta importante teoría.

1 Leed el texto mediante la LECTURA COMPARTIDA.

La teoría de la evolución de Darwin

Charles Darwin es conocido por haber elaborado una teoría que permite explicar la diversidad de seres vivos de nuestro planeta. En su teoría, Darwin planteó que las distintas especies de seres vivos que existen evolucionaron de un antepasado común. 1

¿Cómo se le ocurrió a Darwin su teoría?

En su viaje alrededor del mundo a bordo del *Beagle,* Darwin permaneció más de un mes en las islas Galápagos, situadas en el océano Pacífico, a unos mil kilómetros de la costa de Ecuador. Durante su estancia, Darwin tuvo la oportunidad de estudiar distintos animales, entre ellos unas aves llamadas pinzones. 2

Darwin observó la existencia de una gran cantidad de especies diferentes de pinzones en las islas. Cada una de estas especies difería ligeramente de las demás y también de las que habitaban en la costa de América del sur. Por ejemplo, una especie de pinzones tenía el pico adaptado para comer pequeñas semillas, mientras que el de otra era más apropiado para comer semillas grandes o insectos. 3

Darwin intuyó que estas especies de pinzones evolucionaron a partir de un antepasado común. Durante este proceso evolutivo, Darwin pensó que ciertos pinzones pudieron haber nacido con algún rasgo diferente en su pico que transmitieron a sus descendientes, dando lugar a las distintas especies de pinzones que observó en las islas. 4

Pero ¿por qué había sucedido esto? La respuesta la encontró años más tarde. Esta fue que, dada la escasez de alimentos, en una especie de seres vivos solo sobrevivían aquellos que poseían determinadas características que les permitían adaptarse mejor al medio que habitaban, por ejemplo para conseguir alimentos. 5

En el caso de los pinzones, sobrevivieron solo aquellos ejemplares que tenían un pico que les permitió coger los alimentos del lugar que habitaban. Estos individuos transmitieron a sus descendientes aquellas características que les permitían comer en aquel lugar. Darwin imaginó que esto no había sucedido solo con los pinzones, sino con el conjunto de seres vivos.

Así, Darwin logró explicar cómo surgieron las distintas especies de seres vivos que hoy día conocemos. 6

COOPERAMOS PARA APRENDER

FOLIO GIRATORIO

Averiguamos

- ¿Qué teoría elaboró Darwin?
- ¿Qué le llamó la atención de los pinzones de las islas Galápagos?
- Estos pinzones ¿pertenecían a la misma o a diferentes especies?
- ¿Qué explicación le dio Darwin a la existencia de distintas especies de pinzones?
- ¿Cuándo llegó Darwin a esa conclusión?

2 Mediante el TRABAJO POR PAREJAS, investigad sobre los siguientes animales de las Galápagos y haced fichas en las que incluyáis su nombre, sus principales características y varias fotos de ellos.

- Camaleón marino
- Pájaro bobo de patas azules
- Pinzón
- Delfín nariz de botella
- Tortuga de las Galápagos
- Iguana marina
- Lobo marino
- Albatros

3 Realizad un trabajo sobre las islas Galápagos. Recordad que primero debéis buscar información sobre las islas para completar los conocimientos que ya habéis aprendido; después, redactadlo. Utilizad para ello la estructura LOS CUATRO SABIOS.

4 Con tu grupo simula que realizas un programa radiofónico de debate sobre cómo evitar que los turistas que visitan un parque natural lo deterioren.

5 Elaborad un cartel mediante el TRABAJO POR PAREJAS con las normas que deben seguir los turistas que visiten el parque natural de las islas Galápagos.

6 Utilizando el TRABAJO POR PAREJAS, leed este fragmento de una novela que gira en torno al viaje de Darwin a bordo del *Beagle* y explicad mediante el FOLIO GIRATORIO qué sentimientos expresa el narrador en él sobre las islas Galápagos.

Pese a su apariencia infernal, cuando uno llevaba un tiempo en las Galápagos descubría en ellas un aire de eternidad e inocencia, como si fueran un escaparate de lo que había sido la vida antes de la aparición del hombre en la Tierra. Vi tortugas e iguanas comiendo juntas de un mismo arbusto, y pinzones que compartían trozos de cactus con las iguanas. Yo mismo tenía la sensación de ser una tortuga grande e inofensiva, porque las aves permanecían impasibles cuando me acercaba, y hasta se dejaban tocar.

Vicente Muñoz Puelles

7 Elaborad una encuesta para conocer cómo se relacionan vuestros compañeros con sus mascotas: si tienen alguna, qué actividades realizan con ellas, etc. Después, dadles la encuesta para que la respondan y analizad sus respuestas. Utilizad el FOLIO GIRATORIO.

PROYECTO PBL

Un telediario medieval

Con motivo de la celebración de la Semana del Periodismo, organizada por los departamentos de Lengua y Ciencias Sociales, se ha pedido a los alumnos de 6.º de Primaria que representen momentos de la vida en el medievo.

Podríamos pensar cómo presentar la vida en la Edad Media a través de la comunicación y el teatro. En esa época no existía la televisión, pero..., ¿y si tuviéramos una máquina del tiempo? ¿Tenéis madera de presentadores? ¡Adelante!

CONQUISTA PISAPOLIS

1 Observa y lee los siguientes textos.

Reseña de cine

Título: *Kerity, la casa de los cuentos.*
Nacionalidad: Franco-italiana.
Director: Dominique Monfery. **Guión:** Anik Le Ray, Alexandre Reverend y Marielle Canta. **Diseño:** Rébecca Dautremer. **Animación:** Benoit Meurzec. **Música:** Christophe Heral.

Su homenaje a esos cuentos que han alimentado la fantasía y la imaginación de los niños resulta entrañable y llega al corazón del espectador, servido además en un espléndido diseño de animación tradicional que adquiere una más que llamativa belleza [...]. En apenas 70 minutos el auditorio goza del privilegio de reencontrarse con héroes inolvidables que nutrieron su infancia, desde Pinocho, la Bella Durmiente, el Ogro, el Capitán Garfio y Peter Pan hasta Caperucita Roja, el Lobo, el Hada Mala, el Conejo Blanco y, especialmente y entre otros muchos, Alicia, que corren el terrible peligro de desaparecer para siempre del universo de la imaginación.

El largometraje, una coproducción franco-italiana, se apoya en dos bases fundamentales, el ingenioso argumento de Anik Le Ray, que está concebido para niños pero que también interesa a los adultos, y el diseño de la ilustradora Rebecca Dautremer, autora de libros infantiles como *Princesas*.

El protagonista es Natanaël, que cumplirá pronto los siete años, pero todavía no sabe leer. Acaba de heredar de su tía Eleonor la más valiosa colección de cuentos del mundo, ediciones originales de libros que están guardados en la biblioteca de una bella mansión junto al mar, algo que él no valora en absoluto ni tampoco sus padres y su hermana. Ignora que cada uno de esos cuentos contiene un gran secreto y que de todos ellos, cuando llega la noche y ningún humano es testigo, salen de sus páginas personajes que cobran vida.

El peligro que se plantea, más aun después de que un anticuario desaprensivo se haga con los libros y trate de venderlos, es que todos esos cuentos y seres de fábula y de fantasía desaparecerán para siempre si Nathaniel no lleva a cabo, junto a algunos de ellos, una misión delicada en un muy breve plazo de tiempo. La aventura está servida y lo hace con loables recursos.

www.diarioinformacion.com

Concurso de reseñas de la Leoteca

¡Hola, león!

Llegan las vacaciones de Navidad y me gustaría que todos siguiéramos disfrutando con la lectura. Entre el 5 de diciembre y el 3 de enero podrás participar con la realización de una reseña para llevarte tu premio: uno de los tres lotes de libros que quiero compartir con vosotros.

¿Hay alguno que no hayas leído?

¡Ahora tienes la oportunidad de conseguirlo! ¿Te apuntas?

Apuntarse es muy fácil; solo tienes que cumplir estos requisitos:

- Estar registrado en Leoteca.
- Tener entre 6 y 14 años (perfil de niño).
- Escribir un comentario en la ficha de algún libro.
- Eligir como reseña para el concurso un comentario que hayas escrito.
- Solo una reseña por cada participante.
- Avisa a tus amigos y familiares para que voten tu reseña. No hace falta que estén dados de alta en la Leoteca.

www.leoteca.es

2 ¿De qué tipo es el primer texto?

a. Un resumen.
b. Una reseña de cine.
c. Una descripción.
d. Una reseña de música.

3 ¿Dónde se hizo la película?

4 ¿Qué ocurre con uno de esos cuentos de la película?

5 ¿Para qué sirve este texto?

a. Para informar.
b. Para narrar una historia.
c. Para exponer una opinión
d. Para ser representado.

6 ¿Qué es lo que más se destaca de la película en la crítica?

7 ¿Qué tipo de texto es el segundo?

a. Un anuncio
b. Una convocatoria
c. Un cartel publicitario
d. Un programa.

8 ¿Quién puede participar en el concurso?

9 Imagina que participas en el concurso; escribe una convocatoria y después una reseña sobre una película o un libro.

EMPRENDO Y APRENDO

El iceberg

Según los expertos, la parte de un iceberg que está bajo el agua y que no podemos ver a simple vista es diez veces más grande que la parte que podemos ver. Nuestra vida también se puede comparar con un iceberg en el que la parte más importante no siempre se puede ver a simple vista.

Dibuja en un tu cuaderno un iceberg y divídelo en dos partes (la que está fuera y la que se encuentra bajo el agua). A continuación, pinta cinco círculos en cada una de ellas. En los círculos de la parte que está fuera del agua escribe aquellas cosas de tu vida que son visibles para todos; en los de la parte que está bajo el agua anota cuáles son los valores (solidaridad, respeto…) o creencias que sustentan todo lo que se puede ver en la superficie de tu vida.

A continuación, y en grupos, comparte con tus compañeros tu «iceberg» y, entre todos, dialogad sobre qué debe haber en la parte profunda del iceberg de un emprendedor.

¡Comienza la función!

El **texto teatral** es un género literario, en prosa o en verso, casi siempre en forma de diálogo, que ha sido creado para ser representado. El director de teatro hace una puesta en escena de un texto teatral concreto, dando lugar a la representación teatral. Esta incluye la interpretación, el vestuario, el maquillaje, los decorados, la iluminación, la música.

¡Prepárate, que comienza la función!

1 Antes, busca la información y rellena la ficha del libro estrella del club.

Libro estrella del Club de lectura SPX

Autor: .....   Año: .....

Título: .....   Editorial: .....

Ilustrador: .....   Núm. págs.: .....

Atrévete

2 Piensa en una breve escena de un cuento o de una obra de teatro o, incluso, inventa una breve escena improvisada para la ocasión.

3 Interpreta ante tus compañeros del club la escena.

- Hablar alto y claro.
- Imitar el tono de voz del personaje cuando habla.
- Transmitir las ideas y los sentimientos con los gestos y con la entonación adecuados.

Lee e interpreta

Empezaremos por el texto teatral *La tortuga gigante de Galápagos*.

4 Escucha este fragmento de la obra. Después, en parejas, interpretaréis cada uno un personaje ante vuestros compañeros del club. Tened en cuenta lo que se dice en las acotaciones.

ACTO I

ESCENA I

(Un campo con, a lo lejos, un árbol sin hojas, algunas gramíneas dispersas y un tallo de salvia. MARIQUITA *suspira.* MOSQUITO *se aburre).*

MARIQUITA.— *(Reflexiva).* ¡Dos días, solamente dos días, Mosquito!

MOSQUITO.— *(Con los ojos cerrados).* ¿Mmm...?

MARIQUITA.— ¡Dos días para Carnaval!

MOSQUITO.— ¿Mmm...?

MARIQUITA.— ¡Este año quiero tener, y lo tendré, el disfraz más bonito!

MOSQUITO.— *(Abre un ojo).* ¿Ah, sí?

MARIQUITA.— *(Docta).* ¡Un disfraz de tortuga gigante de Galápagos!

MOSQUITO.— *(Abre el otro).* ¿... de Galapaqué?

MARIQUITA.— ¡Pagos!

MOSQUITO.— *(Pensativo).* ¡Aaaah, Galápagos!

MARIQUITA.— ¡Exactamente!

MOSQUITO.— *(Burlón).* Y... ¿cómo harás tú, que eres tan menuda, para llevar un disfraz de tortuga gigante?

MARIQUITA.— Tú me ayudarás, Mosquito.

MOSQUITO.— *(Suspira).* Pero si soy aún más menudo que tú...

MARIQUITA.— *(Picada).* ¡Pues me ayudará algún animal grande, menos torpe que tú!

MOSQUITO.— *(Picado a su vez).* ¡Me gustaría verlo!

MARIQUITA.— ¡Ya lo verás!

MOSQUITO.— *(Sarcástico).* ¡No me hagas reír!

MARIQUITA .— *(Yéndose).* ¡Ríe lo que quieras! ¡Yo me voy!

MOSQUITO.— ¡Eh, espera! *(La sigue).*

Rébecca DAUTREMER

Libro fórum

Después de leer el libro del club, expón tu opinión ante tus compañeros: ¿te ha gustado la historia?, ¿qué personaje te ha gustado más?, ¿qué emociones o sentimientos te ha producido?

¡Vamos al cine!

Muchas películas están basadas en célebres cuentos, novelas u obras teatrales. Los más famosos personajes de la literatura se han hecho realidad gracias al cine: *Harry Potter, Alicia en el país de las maravillas, Charlie y la fábrica de chocolate*...
Vamos a leer primero y luego, ¡al cine!

1 Antes, busca la información y rellena la ficha del libro estrella del club.

Libro estrella del Club de lectura SPX

Autor:	Año: .....
Título:	Editorial: .....
Ilustrador:	Núm. págs.: .....

Actúa

2 Piensa en un libro que hayas leído y del que, después, hayas visto la película.

- ¿Qué te gustó más: el libro o la película? Explica por qué.
- ¿Son los personajes como te los habías imaginado cuando leías el libro?
- ¿Se incluyeron todas la historia del libro y todos sus personajes?

3 Elige alguno de esos personajes y representa con gestos ante tus compañeros una breve escena para que adivinen de qué película se trata.

Lee e interpreta

Empezaremos por el libro *Nat y el secreto de Eleonora*.

! Cuando se hace una película basada en un libro, el guionista se encarga de escribir la historia para adecuarla a las necesidades del lenguaje del cine; esto se llama **guion adaptado**.

4 Escucha este fragmento de la obra. Después, en grupo, interpretaréis un personaje ante vuestros compañeros del club. Tened en cuenta en vuestra actuación los gestos y movimientos que hacen los personajes.

Nat y el secreto de Eleonora

Una multitud de ojos brillantes. Del tamaño de cabezas de alfiler, brillaban en la oscuridad. Lo estaban observando.

—¿Cómo ha conseguido la llave? ¡A lo mejor es el sustituto!

—¿Qué haces aquí, Pies Grandes? —preguntó un pirata de diez centímetros de alto.

—Me llamo Nat, y esta es mi biblioteca.

—Eleonora nos prometió un sustituto. Encantado —dijo un gato de curioso aspecto.

—¿Cómo habéis llegado hasta aquí? ¿De dónde habéis salido? —preguntó Nat con gran extrañeza al reconocer al Gato con Botas, al Capitán Garfio, a Cenicienta, a Caperucita Roja en incluso al Lobo Feroz.

—Eleonora nos reunió a todos aquí —explicó Cenicienta—. De cada uno de sus viajes traía un libro nuevo.

—Los libros de esta biblioteca están... HABITADOS —añadió Gulliver.

El gato con botas dio tres golpes con su bastón en la estantería:

—¡Ya podéis salir! —dijo con su acento felino.

Anik Le Ray

Libro fórum

Después de leer el libro del club, vais a ver la película basada en él: *Kerity, la casa de los cuentos.* Comenta qué te gustó más: el libro o la película.

Cantar (1.ª conjugación)

Formas no personales

Infinitivo	Participio	Gerundio	Infinitivo compuesto	Gerundio compuesto
cantar	cantado	cantando	haber cantado	habiendo cantado

Indicativo

Formas simples

Presente	Pretérito perfecto simple	Pretérito imperfecto	Futuro simple	Condicional simple
canto	canté	cantaba	cantaré	cantaría
cantas	cantaste	cantabas	cantarás	cantarías
canta	cantó	cantaba	cantará	cantaría
cantamos	cantamos	cantábamos	cantaremos	cantaríamos
cantáis	cantasteis	cantabais	cantaréis	cantaríais
cantan	cantaron	cantaban	cantarán	cantarían

Formas compuestas

Pretérito perfecto compuesto	Pretérito anterior	Pretérito pluscuamperfecto	Futuro perfecto	Condicional compuesto
he cantado	hube cantado	había cantado	habré cantado	habría cantado
has cantado	hubiste cantado	habías cantado	habrás cantado	habrías cantado
ha cantado	hubo cantado	había cantado	habrá cantado	habría cantado
hemos cantado	hubimos cantado	habíamos cantado	habremos cantado	habríamos cantado
habéis cantado	hubisteis cantado	habíais cantado	habréis cantado	habríais cantado
han cantado	hubieron cantado	habían cantado	habrán cantado	habrían cantado

Subjuntivo

Formas simples

Presente	Pretérito imperfecto	Futuro simple
cante	cantara o cantase	cantare
cantes	cantaras o cantases	cantares
cante	cantara o cantase	cantare
cantemos	cantáramos o cantásemos	cantáremos
cantéis	cantarais o cantaseis	cantareis
canten	cantaran o cantasen	cantaren

Formas compuestas

Pretérito perfecto compuesto	Pretérito pluscuamperfecto
haya cantado	hubiera o hubiese cantado
hayas cantado	hubieras o hubieses cantado
haya cantado	hubiera o hubiese cantado
hayamos cantado	hubiéramos o hubiésemos cantado
hayáis cantado	hubierais o hubieseis cantado
hayan cantado	hubieran o hubiesen cantado

Futuro perfecto
hubiere cantado
hubieres cantado
hubiere cantado
hubiéremos cantado
hubiereis cantado
hubieren cantado

Imperativo

canta
cantad
cante
canten

Comer (2.ª conjugación)

Formas no personales

Infinitivo	Participio	Gerundio	Infinitivo compuesto	Gerundio compuesto
comer	comido	comiendo	haber comido	habiendo comido

Indicativo

Formas simples

Presente	Pretérito perfecto simple	Pretérito imperfecto	Futuro simple	Condicional simple
como	comí	comía	comeré	comería
comes	comiste	comías	comerás	comerías
come	comió	comía	comerá	comería
comemos	comimos	comíamos	comeremos	comeríamos
coméis	comisteis	comíais	comeréis	comeríais
comen	comieron	comían	comerán	comerían

Formas compuestas

Pretérito perfecto compuesto	Pretérito anterior	Pretérito pluscuamperfecto	Futuro perfecto	Condicional compuesto
he comido	hube comido	había comido	habré comido	habría comido
has comido	hubiste comido	habías comido	habrás comido	habrías comido
ha comido	hubo comido	había comido	habrá comido	habría comido
hemos comido	hubimos comido	habíamos comido	habremos comido	habríamos comido
habéis comido	hubisteis comido	habíais comido	habréis comido	habríais comido
han comido	hubieron comido	habían comido	habrán comido	habrían comido

Subjuntivo

Formas simples

Presente	Pretérito imperfecto	Futuro simple
coma	comiera o comiese	comiere
comas	comieras o comieses	comieres
coma	comiera o comiese	comiere
comamos	comiéramos o comiésemos	comiéremos
comáis	comierais o comieseis	comiereis
coman	comieran o comiesen	comieren

Formas compuestas

Pretérito perfecto compuesto	Pretérito pluscuamperfecto
haya comido	hubiera o hubiese comido
hayas comido	hubieras o hubieses comido
haya comido	hubiera o hubiese comido
hayamos comido	hubiéramos o hubiésemos comido
hayáis comido	hubierais o hubieseis comido
hayan comido	hubieran o hubiesen comido

Futuro perfecto
hubiere comido
hubieres comido
hubiere comido
hubiéremos comido
hubiereis comido
hubieren comido

Imperativo

come
comed
coma
coman

Vivir (3.ª conjugación)

Formas no personales

Infinitivo	Participio	Gerundio	Infinitivo compuesto	Gerundio compuesto
vivir	vivido	viviendo	haber vivido	habiendo vivido

Indicativo

Formas simples

Presente	Pretérito perfecto simple	Pretérito imperfecto	Futuro simple	Condicional simple
vivo	viví	vivía	viviré	viviría
vives	viviste	vivías	vivirás	vivirías
vive	vivió	vivía	vivirá	viviría
vivimos	vivimos	vivíamos	viviremos	viviríamos
vivís	vivisteis	vivíais	viviréis	viviríais
viven	vivieron	vivían	vivirán	vivirían

Formas compuestas

Pretérito perfecto compuesto	Pretérito anterior	Pretérito pluscuamperfecto	Futuro perfecto	Condicional compuesto
he vivido	hube vivido	había vivido	habré vivido	habría vivido
has vivido	hubiste vivido	habías vivido	habrás vivido	habrías vivido
ha vivido	hubo vivido	había vivido	habrá vivido	habría vivido
hemos vivido	hubimos vivido	habíamos vivido	habremos vivido	habríamos vivido
habéis vivido	hubisteis vivido	habíais vivido	habréis vivido	habríais vivido
han vivido	hubieron vivido	habían vivido	habrán vivido	habrían vivido

Subjuntivo

Formas simples

Presente	Pretérito imperfecto	Futuro simple
viva	viviera o viviese	viviere
vivas	vivieras o vivieses	vivieres
viva	viviera o viviese	viviere
vivamos	viviéramos o viviésemos	viviéremos
viváis	vivierais o vivieseis	viviereis
vivan	vivieran o viviesen	vivieren

Formas compuestas

Pretérito perfecto compuesto	Pretérito pluscuamperfecto
haya vivido	hubiera o hubiese vivido
hayas vivido	hubieras o hubieses vivido
haya vivido	hubiera o hubiese vivido
hayamos vivido	hubiéramos o hubiésemos vivido
hayáis vivido	hubierais o hubieseis vivido
hayan vivido	hubieran o hubiesen vivido

Futuro perfecto
hubiere vivido
hubieres vivido
hubiere vivido
hubiéremos vivido
hubiereis vivido
hubieren vivido

Imperativo

vive
vivid
viva
vivan

Haber (auxiliar)

Formas no personales

Infinitivo	Participio	Gerundio	Infinitivo compuesto	Gerundio compuesto
haber	habido	habiendo	haber habido	habiendo habido

Indicativo

Formas simples

Presente	Pretérito perfecto simple	Pretérito imperfecto	Futuro simple	Condicional simple
he	hube	había	habré	habría
has	hubiste	habías	habrás	habrías
ha / hay (imp.)	hubo	había	habrá	habría
hemos	hubimos	habíamos	habremos	habríamos
habéis	hubisteis	habíais	habréis	habríais
han	hubieron	habían	habrán	habrían

Formas compuestas

Pretérito perfecto compuesto	Pretérito anterior	Pretérito pluscuamperfecto	Futuro perfecto	Condicional compuesto
he habido	hube habido	había habido	habré habido	habría habido
has habido	hubiste habido	habías habido	habrás habido	habrías habido
ha habido	hubo habido	había habido	habrá habido	habría habido
hemos habido	hubimos habido	habíamos habido	habremos habido	habríamos habido
habéis habido	hubisteis habido	habíais habido	habréis habido	habríais habido
han habido	hubieron habido	había habido	habrán habido	habrían habido

Subjuntivo

Formas simples

Presente	Pretérito imperfecto	Futuro simple
haya	hubiera o hubiese	hubiere
hayas	hubieras o hubieses	hubieres
haya	hubiera o hubiese	hubiere
hayamos	hubiéramos o hubiésemos	hubiéremos
hayáis	hubierais o hubieseis	hubiereis
hayan	hubieran o hubiesen	hubieren

Formas compuestas

Pretérito perfecto compuesto	Pretérito pluscuamperfecto
haya habido	hubiera o hubiese habido
hayas habido	hubieras o hubieses habido
haya habido	hubiera o hubiese habido
hayamos habido	hubiéramos o hubiésemos habido
hayáis habido	hubierais o hubieseis habido
hayan habido	hubieran o hubiesen habido

Futuro perfecto
hubiere habido
hubieres habido
hubiere habido
hubiéremos habido
hubiereis habido
hubieren habido

Imperativo

he
habed
haya
hayan

Estar (1.ª conjugación)

Formas no personales

Infinitivo	Participio	Gerundio	Infinitivo compuesto	Gerundio compuesto
estar	estado	estando	haber estado	habiendo estado

Indicativo

Formas simples

Presente	Pretérito perfecto simple	Pretérito imperfecto	Futuro simple	Condicional simple
estoy	estuve	estaba	estaré	estaría
estás	estuviste	estabas	estarás	estarías
está	estuvo	estaba	estará	estaría
estamos	estuvimos	estábamos	estaremos	estaríamos
estáis	estuvisteis	estabais	estaréis	estaríais
están	estuvieron	estaban	estarán	estarían

Formas compuestas

Pretérito perfecto compuesto	Pretérito anterior	Pretérito pluscuamperfecto	Futuro perfecto	Condicional compuesto
he estado	hube estado	había estado	habré estado	habría estado
has estado	hubiste estado	habías estado	habrás estado	habrías estado
ha estado	hubo estado	había estado	habrá estado	habría estado
hemos estado	hubimos estado	habíamos estado	habremos estado	habríamos estado
habéis estado	hubisteis estado	habíais estado	habréis estado	habríais estado
han estado	hubieron estado	habían estado	habrán estado	habrían estado

Subjuntivo

Formas simples

Presente	Pretérito imperfecto	Futuro simple
esté	estuviera o estuviese	estuviere
estés	estuvieras o estuvieses	estuvieres
esté	estuviera o estuviese	estuviere
estemos	estuviéramos o estuviésemos	estuviéremos
estéis	estuvierais o estuvieseis	estuviereis
estén	estuvieran o estuviesen	estuvieren

Formas compuestas

Pretérito perfecto compuesto	Pretérito pluscuamperfecto
haya estado	hubiera o hubiese estado
hayas estado	hubieras o hubieses estado
haya estado	hubiera o hubiese estado
hayamos estado	hubiéramos o hubiésemos estado
hayáis estado	hubierais o hubieseis estado
hayan estado	hubieran o hubiesen estado

Futuro perfecto
hubiere estado
hubieres estado
hubiere estado
hubiéremos estado
hubiereis estado
hubieren estado

Imperativo

está
estad
esté
estén

Ser (2.ª conjugación)

Formas no personales

Infinitivo	Participio	Gerundio	Infinitivo compuesto	Gerundio compuesto
ser	sido	siendo	haber sido	habiendo sido

Indicativo

Formas simples

Presente	Pretérito perfecto simple	Pretérito imperfecto	Futuro simple	Condicional simple
soy	fui	era	seré	sería
eres	fuiste	eras	serás	serías
es	fue	era	será	sería
somos	fuimos	éramos	seremos	seríamos
sois	fuisteis	erais	seréis	seríais
son	fueron	eran	serán	serían

Formas compuestas

Pretérito perfecto compuesto	Pretérito anterior	Pretérito pluscuamperfecto	Futuro perfecto	Condicional compuesto
he sido	hube sido	había sido	habré sido	habría sido
has sido	hubiste sido	habías sido	habrás sido	habrías sido
ha sido	hubo sido	había sido	habrá sido	habría sido
hemos sido	hubimos sido	habíamos sido	habremos sido	habríamos sido
habéis sido	hubisteis sido	habíais sido	habréis sido	habríais sido
han sido	hubieron sido	habían sido	habrán sido	habrían sido

Subjuntivo

Formas simples

Presente	Pretérito imperfecto	Futuro simple
sea	fuera o fuese	fuere
seas	fueras o fueses	fueres
sea	fuera o fuese	fuere
seamos	fuéramos o fuésemos	fuéremos
seáis	fuerais o fueseis	fuereis
sean	fueran o fuesen	fueren

Formas compuestas

Pretérito perfecto compuesto	Pretérito pluscuamperfecto
haya sido	hubiera o hubiese sido
hayas sido	hubieras o hubieses sido
haya sido	hubiera o hubiese sido
hayamos sido	hubiéramos o hubiésemos sido
hayáis sido	hubierais o hubieseis sido
hayan sido	hubieran o hubiesen sido

Futuro perfecto
hubiere sido
hubieres sido
hubiere sido
hubiéremos sido
hubiereis sido
hubieren sido

Imperativo

sé
sed
sea
sean

Andar (1.ª conjugación)

Formas no personales

Infinitivo	Participio	Gerundio	Infinitivo compuesto	Gerundio compuesto
andar	andado	andando	haber andado	habiendo andado

Indicativo

Formas simples

Presente	Pretérito perfecto simple	Pretérito imperfecto	Futuro simple	Condicional simple
ando	anduve	andaba	andaré	andaría
andas	anduviste	andabas	andarás	andarías
anda	anduvo	andaba	andará	andaría
andamos	anduvimos	andábamos	andaremos	andaríamos
andáis	anduvisteis	andabais	andaréis	andaríais
andan	anduvieron	andaban	andarán	andarían

Formas compuestas

Pretérito perfecto compuesto	Pretérito anterior	Pretérito pluscuamperfecto	Futuro perfecto	Condicional compuesto
he andado	hube andado	había andado	habré andado	habría andado
has andado	hubiste andado	habías andado	habrás andado	habrías andado
ha andado	hubo andado	había andado	habrá andado	habría andado
hemos andado	hubimos andado	habíamos andado	habremos andado	habríamos andado
habéis andado	hubisteis andado	habíais andado	habréis andado	habríais andado
han andado	hubieron andado	habían andado	habrán andado	habrían andado

Subjuntivo

Formas simples

Presente	Pretérito imperfecto	Futuro simple
ande	anduviera o anduviese	anduviere
andes	anduvieras o anduvieses	anduvieres
ande	anduviera o anduviese	anduviere
andemos	anduviéramos o anduviésemos	anduviéremos
andéis	anduvierais o anduvieseis	anduviereis
anden	anduvieran o anduviesen	anduvieren

Formas compuestas

Pretérito perfecto compuesto	Pretérito pluscuamperfecto
haya andado	hubiera o hubiese andado
hayas andado	hubieras o hubieses andado
haya andado	hubiera o hubiese andado
hayamos andado	hubiéramos o hubiésemos andado
hayáis andado	hubierais o hubieseis andado
hayan andado	hubieran o hubiesen andado

Futuro perfecto
hubiere andado
hubieres andado
hubiere andado
hubiéremos andado
hubiereis andado
hubieren andado

Imperativo

anda
andad
ande
anden

Caber (2.ª conjugación)

Formas no personales

Infinitivo	Participio	Gerundio	Infinitivo compuesto	Gerundio compuesto
caber	cabido	cabiendo	haber cabido	habiendo cabido

Indicativo

Formas simples

Presente	Pretérito perfecto simple	Pretérito imperfecto	Futuro simple	Condicional simple
quepo	cupe	cabía	cabré	cabría
cabes	cupiste	cabías	cabrás	cabrías
cabe	cupo	cabía	cabrá	cabría
cabemos	cupimos	cabíamos	cabremos	cabríamos
cabéis	cupisteis	cabíais	cabréis	cabríais
caben	cupieron	cabían	cabrán	cabrían

Formas compuestas

Pretérito perfecto compuesto	Pretérito anterior	Pretérito pluscuamperfecto	Futuro perfecto	Condicional compuesto
he cabido	hube cabido	había cabido	habré cabido	habría cabido
has cabido	hubiste cabido	habías cabido	habrás cabido	habrías cabido
ha cabido	hubo cabido	había cabido	habrá cabido	habría cabido
hemos cabido	hubimos cabido	habíamos cabido	habremos cabido	habríamos cabido
habéis cabido	hubisteis cabido	habíais cabido	habréis cabido	habríais cabido
han cabido	hubieron cabido	habían cabido	habrán cabido	habrían cabido

Subjuntivo

Formas simples

Presente	Pretérito imperfecto	Futuro simple
quepa	cupiera o cupiese	cupiere
quepas	cupieras o cupieses	cupieres
quepa	cupiera o cupiese	cupiere
quepamos	cupiéramos o cupiésemos	cupiéremos
quepáis	cupierais o cupieseis	cupiereis
quepan	cupieran o cupiesen	cupieren

Formas compuestas

Pretérito perfecto compuesto	Pretérito pluscuamperfecto
haya cabido	hubiera o hubiese cabido
hayas cabido	hubieras o hubieses cabido
haya cabido	hubiera o hubiese cabido
hayamos cabido	hubiéramos o hubiésemos cabido
hayáis cabido	hubierais o hubieseis cabido
hayan cabido	hubieran o hubiesen cabido

Futuro perfecto
hubiere cabido
hubieres cabido
hubiere cabido
hubiéremos cabido
hubiereis cabido
hubieren cabido

Imperativo

cabe
cabed
quepa
quepan

Ir (3.ª conjugación)

Formas no personales

Infinitivo	Participio	Gerundio	Infinitivo compuesto	Gerundio compuesto
ir	ido	yendo	haber ido	habiendo ido

Indicativo

Formas simples

Presente	Pretérito perfecto simple	Pretérito imperfecto	Futuro simple	Condicional simple
voy	fui	iba	iré	iría
vas	fuiste	ibas	irás	irías
va	fue	iba	irá	iría
vamos	fuimos	íbamos	iremos	iríamos
vais	fuisteis	ibais	iréis	iríais
van	fueron	iban	irán	irían

Formas compuestas

Pretérito perfecto compuesto	Pretérito anterior	Pretérito pluscuamperfecto	Futuro perfecto	Condicional compuesto
he ido	hube ido	había ido	habré ido	habría ido
has ido	hubiste ido	habías ido	habrás ido	habrías ido
ha ido	hubo ido	había ido	habrá ido	habría ido
hemos ido	hubimos ido	habíamos ido	habremos ido	habríamos ido
habéis ido	hubisteis ido	habíais ido	habréis ido	habríais ido
han ido	hubieron ido	habían ido	habrán ido	habrían ido

Subjuntivo

Formas simples

Presente	Pretérito imperfecto	Futuro simple
vaya	fuera o fuese	fuere
vayas	fueras o fueses	fueres
vaya	fuera o fuese	fuere
vayamos	fuéramos o fuésemos	fuéremos
vayáis	fuerais o fueseis	fuereis
vayan	fueran o fuesen	fueren

Formas compuestas

Pretérito perfecto compuesto	Pretérito pluscuamperfecto
haya ido	hubiera o hubiese ido
hayas ido	hubieras o hubieses ido
haya ido	hubiera o hubiese ido
hayamos ido	hubiéramos o hubiésemos ido
hayáis ido	hubierais o hubieseis ido
hayan ido	hubieran o hubiesen ido

Futuro perfecto
hubiere ido
hubieres ido
hubiere ido
hubiéremos ido
hubiereis ido
hubieren ido

Imperativo

ve
id
vaya
vayan

Bibliografía

Alcántara, R.: *¿Quién quiere a los viejos?,* Edelvives, Zaragoza, 2003.

Bermejo, V.: *2 minutos y se acabó,* RBA, Barcelona, 2000.

Calveiro, M. S.: *El camino de Levante,* Edelvives, Zaragoza, 2010.

—: *El pintor del sombrero de malvas,* Edelvives, Zaragoza, 2011.

Cervantes, M. de: «Don Quijote de la Mancha» [en línea], http://cvc.cervantes.es/literatura/clasicos/quijote/edicion/, consultado 11 de febrero de 2015.

«Concurso de reseñas» [en línea], https://www.leoteca.es/sorteocomentarios, consultado 11 de febrero de 2015.

Dautremer, R.: *La tortuga gigante de Galápagos,* Edelvives, Zaragoza, 2009.

Esquilo.: *Obras completas,* Cátedra, Madrid, 2012.

«Informe de Seguimiento de la EPT en el Mundo» [en línea], http://unesdoc.unesco.org/images/0022/002261/226159s.pdf, consultado 11 de febrero de 2015.

«Kerity, la casa de los cuentos: homenaje a la lectura» [en línea], http://www.diarioinformacion.com/cultura/2011/10/07/kerity-casa-cuentos-homenaje-lectura/1176168.html, consultado 11 de febrero de 2015.

Le Ray, A.: *Nat y el secreto de Eleonora,* Edelvives, Zaragoza, 2010.

Lindo, E.: *Manolito Gafotas,* Alfaguara, Madrid, 1994.

Mihura, M.: *Tres sombreros de copa,* Edelvives, Zaragoza, 2014.

Muñoz Puelles, V.: *El viaje de la evolución,* Anaya, Madrid, 2007.

Pinto, S.: *Momias en tránsito,* Edelvives, Zaragoza, 2012.

Ramírez Lozano, J. A.: *El tren de los aburridos,* Edelvives, Zaragoza, 2009.

Rodríguez, M.: *El tren de Vilso,* Edelvives, Zaragoza, 2014.

Sanz, I.: *El hombre que abrazaba a los árboles*, Edelvives, Zaragoza, 2013.

Shakespeare, W.: *Romeo y Julieta,* Cátedra / Anaya, Madrid, 2014.

Sierra i Fabra J.: *El extraño,* Anaya, Madrid, 2014.

Tolkien, J. R. R.: *El señor de los anillos,* Minotauro, Barcelona, 1991.

La flota
INTERDIMENSIONAL

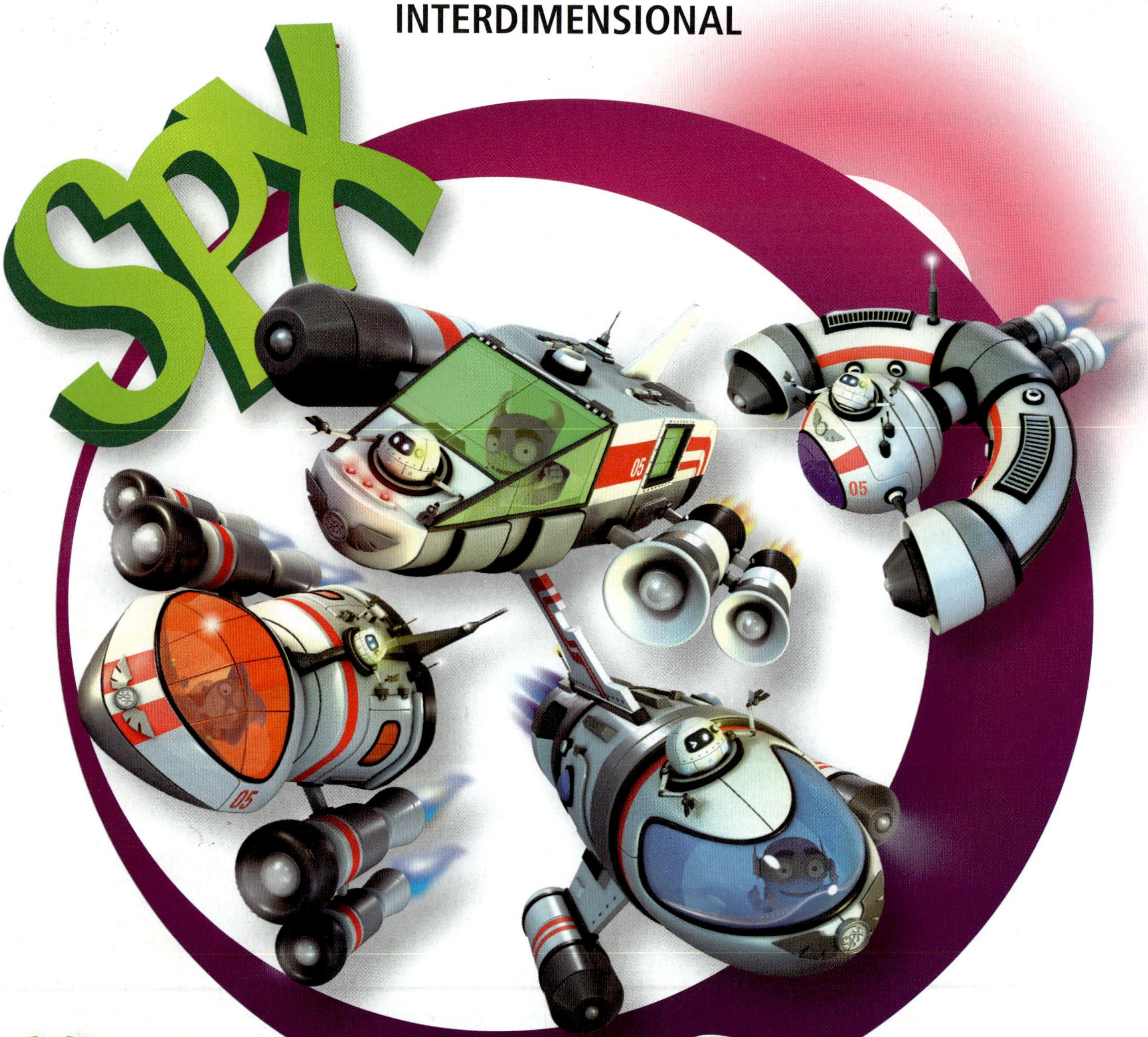

SPX-MS
TRIPULANTE: MARCOS

SPX-MR
TRIPULANTE: MACARENA

SPX-AK
TRIPULANTE: ANIKA

SPX-MM
TRIPULANTE: MAMADÚ